한울사회학강좌

계급사회학

●

스테판 에젤 지음
신행철 옮김

한울
아카데미

CLASS

Stephen Edgell

ROUTLEDGE

역자 서문

이 책은 오픈대학교의 피터 해밀턴(Peter Hamilton)을 편집책임자로 하여 루틀리지 출판사에서 발간해온 '주요 아이디어들(Key Ideas)'이라는 총서 중의 하나이다. 이 총서에는 지역사회, 권력, 노동, 성, 불평등, 보험급부와 이데올로기, 계급, 가족 등 사회학과 사회과학상의 주요 개념들, 문제와 쟁점들에 해당하는 여러 주제들이 포함되어 있다.

이 책의 내용이나 성격에 대해서는 해밀턴이 다음과 같이 잘 요약해 지적해주고 있다.

이 책은 사회학에서의 계급개념의 중요성을 논증하려는 데 그 목표를 두고 있다.

이 목표를 달성하기 위해 마르크스와 베버의 고전에서부터 좀더 최근의 신마르크스주의자인 라이트(Wright)와 신베버주의자인 골드소르프(Goldthorpe)의 공헌에 이르기까지 계급개념의 발전을 추적하고, 그리고 현재 영국과 미국의 계급구조를 검토하고 있다.

이 책은 계급에 관련된 저술들을 고찰하고, 계급개념이 어떻게 조작화되는가라는 문제를 검토하였으며, 영·미 양국에서의 계급, 사회변동, 불평등과 정치를 분석한다. 또한 무계급 사회사상에 대한 논의도 포함한다.

　　각 장은 논쟁의 명확한 요약과 주요한 이론적 결말의 재검토로 끝을 맺는
다. 저자는 계급에 대한 마르크스적 접근과 베버적 접근에 대해 비판을 가함
과 동시에 의외로 이 양자간에는 수렴이 있다는 점을 시사한다. 또한 그는 미
국에서의 최근의 경험적 조사에 비추어 미국 예외주의(exceptionalism) 명제를
논평한다….

　　해밀턴도 지적했듯이 이 책은 사회학에 있어서의 계급개념의 중
요성을 잘 드러내 보이고 있다. 무엇보다도 이 책의 장점이자 돋보
이는 요점은 그 포괄적이고 광범위한 내용 범위, 그러면서도 그에
대한 간결한 소개 그리고 각 장마다 그 말미에 해당되는 주제의 내
용에 대한 아주 조리있는 '요약과 결론'을 제시하고 있다는 점이다.
저자는 계급에 대한 강의와 연구에 풍부한 경험을 가지고 있으며,
미국과 영국 두 나라에 대한 직접적인 지식을 갖고 있어서 보다 적
절한 자료의 선택과 노련하고 정연한 논지를 펼 수 있었던 것으로
생각한다. 그래서 이 책은 대학원 학생들에서부터 학부 학생에 이르
기까지 사회학과 정치학 특히 사회학 전공의 학생들에게 매우 유용
한 계급 개론서이자 연구서가 될 것이다.
　　톰 보토모어(T. Bottomore: 서섹스대학교 교수)는 서평에서 이 책은
"계급분석의 다양한 측면들에 대한 분명하고도 간결한 안내서"라고
하면서 "계급현상의 주요 문제들…에 대해 간명하고도 유익한 설명
을 제공하고 있다. 이러한 주요 문제들에 대한 분석은 계급이 사회
학이론의 중심 개념으로 남아 있다는 견해를 확인시켜준다. 이 책은
학생들에 의해 널리 사용될 만한 가치가 있는 개론서임은 의심의 여
지가 없다"고 지적한 바 있다.

　　이제 이 책의 내용을 요약 정리해보면 다음과 같다.

1. 논쟁적 개념인 계급에 대하여 이론적, 경험적, 역사적, 비교적인 그 모든 주요 복합적 측면들을 소개하고 있다.
2. 두 개의 주된 사회학적 계급분석의 전통—마르크스와 베버—에 대해 개관, 비판하고 있다.
3. 계급구조, 사회이동, 불평등과 정치 등에 관한 오늘에 이르기까지의 방대한 영·미 사회학 문헌을 (작은 지면에 집약하여)소개하고 있다.
4. 조작화의 문제, 미국 예외주의의 명제와 무계급 사회사상을 고찰하고 있다.
5. 계급이라는 개념이 여전히 현대사회의 이해에 중요하다는 점을 보여주고 있다.
6. 뒤에 '찾아보기'를 잘 정리·구성해주고 있어서 계급 소사전과 같은 구실을 해주고 있다.

그리고 이 책은 특히 다음과 같은 질문에 대한 답을 암시해주고 있다고 생각한다.

1. 계급은 아직도 현대사회를 이해하는 데 유관적합한가?
2. 계급에 대한 마르크스주의자와 베버주의자의 접근방식이 어떻게 시간의 도전에 대처해왔는가?
3. 영국과 미국의 계급체계는 예외적인가?
4. 무계급 사회사상은 가능성인가 혹은 꿈 그 자체인가?

이 책은 스테판 에젤(Stephen Edgell)의 책 *Class*(Routledge, 1993)를 번역한 것이다. 나는 20여 년 동안 사회계층론을 가르치면서 늘 이 강의의 전형적인 내용 구성을 생각해왔다. 여기 '전형적'이라는 말은 강의에서 포괄할 만한 그리고 해야 할 유관적합한 성격의 것을 일컬음이다. 그러던 차에 몇 년 전(1995년 여름으로 기억됨) 우연히 영국 여행에서 돌아오는 동료를 통해 이 책을 얻을 수 있었다. 그리고 한번 훑어보고는 분량이 많지 않은 내용이면서도 짭짤하게 구성된, 그 내용 체제가 마음에 들었다. 그리고 그 방학에 나의 가아(동준. 당시 연세대 사회학과 학생, 현재 미국 아이오와대 사회학과 박사 과정 재학 중)에게 읽기를 권하고 틈틈이 들여다보았다. 그때 번역의 초고는 나왔으며, 이 역서는 그 완결판이다. 따라서 이 역서의 번역에 가아(동준)는 큰 기여를 한 셈이다. 그리고는 원고를 정리하고 출판할 기회가 없어 다만 강의와 논문에 참고해오다가 이제 도서출판 한울의 호의에 힘입어 이렇게 내놓게 되었다.

이 원서가 나온 지 시간이 많이 지났으나 내가 접했던 책들 가운데 주제에 관련된 개론류의 책으로서 아직도 이 정도의 부피로 이만큼 잘 간결하고 포괄적으로 논의해놓은 책은 없었으며, 아직도 나는 이 책을 종종 참고하고 있기에 학생들과 더불어 그 내용을 같이 음미해보고자 이 역자 천학비재(淺學菲才)한 터이나 이 번역서를 펴내는 결심을 하였다.

이 책의 원제목은 *Class*이나 이를 『계급사회학』이라 번역하였다. 우리나라의 경우 흔히 사회계층론 혹은 계급론이라는 명칭으로 대학에서 강의하고 책들도 그렇게 내고 있으나 내가 군이 계급이라는 주제 뒤에 '사회학'이라 덧붙인 이유는 원서의 구성을 보면 학문적 자격을 얻을 만한 요소를 충분히 포함하고 있다고 보았기 때문이다. 사회학에 있어서 계급 혹은 계층론은 그 연구 대상이 뚜렷하고, 연구 방법론이 있으며, 이론의 집적이 사회학의 다른 영역을 앞지르고 있는 터이다. 대체로 '~학'이라 할 때 그것은 해당 분야가 존재론적으로 독립된 대상을 가지고 있으며 인식론상 그 고유의 방법론이 개발되어 있고 이론적 집적이 일정 수준 이루어지고 있는 경우일 때로 생각하는데, 계급론의 영역은 다른 사회학의 하위 영역 못지않게 이런 조건을 충족해주고 있으며 이를 이 책은 적절하게 포괄하고 있다.

분량이 얼마 안되는 이 조그만 책자가 사회학 특히 사회계급·계층론을 공부하는 학생들이나 독자들의 지적 욕구를 충족시키는 데 다소

나마 기여했으면 하는 마음 간절하다. 그리고 잘못된 번역이나 서툰 내용 처리가 있어 독자들에게 불편을 주는 점이 없지 않아 있을 것으로 보아 이 점 매우 죄송스럽게 생각하며 질정이 있기 바란다.

이 책의 출판을 맡아주신 도서출판 한울에 심심한 사의를 표한다. 그리고 벌써 몇 년 전에 번역의 초고를 작성하는 데 수고한 가야(동준)의 학구적인 노력이 문득 떠오르며, 번역을 완성하는 최종적인 과정에서 어려운 문장의 어법의 이해를 도와주고 벗을 해주신 제주대 영어교육과의 양영수 교수께도 감사드린다. 색인 정리와 교정의 일부를 맡아준 사회학과 강윤심 조교에게 또한 고마운 뜻 전하고 싶다.

2000년 겨울 방학
신행철 씀

서문

　1989년에 나는 『신분』이라는 제목의 책을 논평하면서 이 개념이 "계급개념의 그림자에 가려져온 것 같다"고 하고 그러나 이 책은 "출판되었거나 앞으로 출판될 총서로서 그 속에 계급에 관련한 제목의 책이 들어가 있지 않은 그런 총서 속에 들어가게 될 것이다"(Edgell, 1989: 647)라고 지적한 바 있다.

　그 이후 나는 루틀리지 출판사에 있는 선임 사회학 편집자인 크리스 로젝(Chris Rojek)의 접촉을 받았는데, 그는 계급에 관한 소책자를 출판하려는 계획의 맥락 속에서 이 서평을 주목하였던 것이다. 이 책은 이런 우리 접촉의 산물이다.

　스틴치콤(Stinchcombe)은 "사회학은 계급이라는 유일한 독립변수를 가지고 있다"고 주장해왔다(Wright, 1979: 3). 이것은 극단적인 관점이지만, 사회학에서 가장 널리 사용되어지고 있는 개념의 중요성에 대한 직설법이다. 그 주된 이유는 산업자본주의사회가 작동하고 발전하는 방식에 계급이 지대한 영향을 끼치고 있다고 생각되어지기 때문이다. 이러한 영향의 범위는 불평등, 정치, 교육, 건강, 가족, 일, 소비, 레저 등을 포함하는 사실상 실질적인 모든 사회학 분야에서 실제 빈

번히 이 개념이 사용된다는 것에서 알 수 있다. 이제 그 개관 요점
은 계급이 신분보다 더 중요한 개념이라는 것이다.

아마도 사회학에 있어서 다른 어떠한 주제보다 계급에 관한 저술
이 더 많이 쓰여졌을 것이므로 계급에 관한 그 방대한 사회학 저작
들을 이 작은 책자에 모두 다룬다는 것은 불가능하다. 다만 이런 종
류의 책은 그에 대한 선택적인 지침서로 사용될 수 있을 것이다. 또
한, 독자에게 특정한 사항의 정확한 위치를 알려주고, 인용된 수많
은 출전들로부터, 풍부한 범위의 인용구들을 고름으로써 독자로 하
여금 더 폭넓은 문맥을 검토할 수 있게 하였다.

이 연구의 목적은 특히 밀스(Mills)가 고전사회학의 전통이라 칭했
던 역사 사회적 구조에 대한 사회분석을 특히 참조로 하여 사회학에
서의 계급개념의 중심성을 고찰하는 것이다. 계급의 사회학적 이해
에 대한 마르크스와 베버의 근본적인 공헌들은 이러한 전통 속에서
쓰여졌다. 그래서 이 연구는 단지 계급개념의 지속적인 중요성에 대
한 증언일 뿐만 아니라, 계급분석에 관한 마르크스주의와 베버주의
적 전통의 지속적인 유관적합성에 대한 찬사이기도 하다.

이 연구에서 채택된 본질적으로 거시적인 접근방식은 모든 사회
들, 특히 가장 먼저 그리고 가장 발달된 산업자본주의의 보기가 되
는 영국과 미국의 계급구조상의 변동에 관한 논의를 포함한다. 이러
한 시각은 관찰 가능한 규칙성에 관한 명제들에 관심을 갖는 이론에
서 사용될 수 있는 분류상의 개념으로서 계급을 취급한다. 그러므로
계급분석의 목적을 위해서 그들 공통의 상황이 무엇인지를 인식하
건 인식하지 못하건 간에, 어떤 것은 공유하는 사람끼리 같이 묶어
볼 수 있다. 그러므로 어떤 개인이 그들의 일상생활에 계급이 심오
한 영향을 미치는 것으로 인식할 필요는 없다. 즉,

  사람들이 믿든지 말든지 간에, 경제적 질서로서의 계급구조는 그 안에서 그들이 차지하는 위치에 따라 그들의 생활 기회에 영향을 미친다. 그들이 행동의 원인을 파악하지 못한다 할지라도, 이것이 곧 사회분석가가 그것을 무시하거나 거부해야 한다는 것을 의미하지는 않는다(Gerth and Mills, 1961: 340).

감사의 말

이 책에서 표현된 생각 중 많은 부분은 대처주의의 사회 정치적 영향에 관해 빅 듀크(Vic Duke)와 공동 연구를 하는 동안에 개발된 것이다. 그 생각들은 처음에 우리가 공동으로 집필해서 ≪영국사회학(the British Journal of Sociology)≫에 실은 논문과 『대처주의의 조치: 영국의 사회학』이란 제목의 책으로 출판되었다. 나는 그 잡지의 편집자와 루틀리지 출판사가 이 자료를 개정판으로 증보하도록 허락해준 것에 대해 감사드린다.

빅 듀크(Vic Duke), 크리스 브라이언트(Chris Bryant) 그리고 로브 플린(Rob Flynn), 샐퍼드 대학교 사회학과의 동료 교수들이 여러 장의 초고에 대해 참고가 되는 의견을 개진해주신 데 대해, 그리고 실라 워커(Sheila Walker)가 참고문헌을 타이핑해준 데 대해 감사드린다. 그리고 이 글에 밝혀지기를 사양한 모든 분들에게도 감사드린다.

차 례

역자 서문•5
서문•11
감사의 말•15

제1장 고전 계급이론: 마르크스와 베버 ————21

1. 서론 • 21
2. 마르크스의 계급이론 • 22
3. 프롤레타리아화, 양극화 그리고 혁명적 변동 • 26
4. 혁명적 변동의 장애요인들 • 30
5. 베버의 계급이론 • 33
6. 계급갈등의 단편화 • 36
7. 요약과 결론 • 38

제2장 현대 계급이론: 신마르크스주의자와 신베버주의자 — 39

1. 서론 • 39
2. 라이트의 신마르크스주의 계급이론 • 40
3. 라이트에 대한 비판 • 46
4. 골드소르프의 신베버주의 계급이론 • 52
5. 골드소르프에 대한 비판 • 57
6. 직업계급(지위)에 관한 노트 • 60
7. 요약과 결론 • 64

제3장 계급의 측정 ——— 67

1. 서론 • 67
2. 전통적인 계급분석틀에 대한 비판 • 68
3. 계급조작화: 세 가지 주요 선택들 • 72
   1) 선택 1: 개념적 도식•72 / 2) 선택 2: 분석단위•77 / 3) 선택 3: 적용 범위의 정도•80
4. 요약과 결론 • 82

제4장 계급구조와 사회변동 ——— 85

1. 서론 • 85
2. 지배(dominant)계급(들) • 86
3. 중간적 계급(들) • 96
   1) 구중간계급•97 / 2) 신중간계급•101
4. 종속적 계급(들) • 111
5. 최하층계급에 대한 노트 • 117
6. 요약과 결론 • 119

제5장 계급과 사회이동 ——— 123

1. 서론 • 123
2. 현대의 남성 사회이동 • 128
3. 현대의 여성 사회이동 • 141
4. 요약과 결론 • 145

제6장 계급, 불평등 그리고 정치 ──── 149

1. 서론 • 149
2. 계급과 경제적 불평등: 측정 문제들 • 150
   1) 개념적 도식•150 / 2) 분석단위•151 / 3) 적용범위의 정도•152
3. 계급과 경제적 불평등: 자료 • 153
4. 민주적 계급투쟁 • 158
5. 요약과 결론 • 163

제7장 무계급과 계급의 종언 ──── 165

1. 서론 • 165
2. 무계급의 현대적 개념 • 167
3. 요약과 결론 • 172

참고문헌•174
찾아보기•195

그림과 표 차례

그림

2-1 라이트: 계급지도 I (기본판)

2-2 라이트: 계급지도 I (완전판)

2-3 라이트: 계급지도 II

2-4 골드소르프의 계급도식(원판)

2-5 골드소르프의 계급도식(수정판)

2-6 호적등기소의 '사회계급들'

표

3-1 노동계급과 미 분류된 표본비율의 규모에 미치는 대안적 계급조작화의 효과

6-1 미국에서의 계급에 따른 평균 연 개인소득

제1장 고전 계급이론: 마르크스와 베버

1. 서론

원래 계급이라는 용어는 재정적·군사적 목적으로 로마인구를 재산에 따라 구분한 것에서 기원한다. 이 전근대적 용례는 계급들이 공유된 사회 서열을 세습한 사람들의 귀속적인 집합체로 간주된다는 점에서 정태적인 것이다. 계급의 근대적 어휘는 산업혁명에 이은 전면적인 사회의 재·개편과 불가피하게 연관되어 있다. 오늘날 산업자본주의 혹은 근대자본주의라고 불리는 이러한 변동은 18세기 말에 영국에서 시작되어 다음 세기의 프랑스, 독일, 미국을 중심으로 하는 서구 국가들로 퍼졌으며, 지금 세기에서는 진정 전세계적인 현상이 되었다. 이 중요한 사회변동의 두 가지 주된 결과는 변형된 계급구조에서 새로운 계급이 생성되었다는 점과 계급위치가 출생보다는 능력에 기초해서 부여된다는 점이다.

급격히 변동하는 사회에서 계급을 정의하고 계급관계를 분석하는 것이 초기 사회학자들 사이에 주된 이슈가 되었고, 계급개념을 둘러싼 논쟁들은 오늘날까지 수그러들지 않고 계속되고 있다. 이 장의

목적은 계급의 개념화와 이론화에 독보적인 기여를 한 마르크스
(1818~1883)와 베버(1864~1920)를 비교·검토하는 것이다.

2. 마르크스의 계급이론

칼 마르크스는 처음이자 가장 중요한 사회학적 계급이론에 공헌을
했다. 그 중요성은 그 이후의 계급이론에 대한 지적인 영향과 그의
저작 전체, 특히 그의 미완성의 계급(보다 분명하게 말하면 『자본론Ⅲ』에
'중단된' 채로 실린 계급에 대한 장, 1974: 886)에 의해 고무된 몇몇 사회
에서 이루어진 혁명적 경향에 미친 정치적 영향에 기인한다. 그래서
마르크스의 계급분석은 이론 사회학과 응용 사회학 양쪽에서 모두
다루는 연습과제가 된다.

그러나 마르크스는 계급개념과 지배계급(ruling class) 같은 그 관련된
개념들의 사용을 체계적으로 명료히 하는 데 실패했고, 중간계급의
예에서와 같이 일관되지 못하게 계급개념들을 사용했다. 이러한 관점
과 그에 더해 마르크스의 아이디어가 다양한 방식으로 해석되는 경향
으로 인해, 이 책이나 혹은 어떤 다른 책에서 마르크스 용어와 마주
칠 때마다 『마르크스 사상 사전』(Bottomore, 1991)을 찾아보아야 한다.

마르크스의 계급이론은 가장 최근의 경제발전단계 즉, 산업자본주
의를 특히 참조하여 인류사회의 역사 전체에 대해 보다 넓고 야심찬
설명을 하는 역할을 한다. 마르크스에게 있어서 이 생산양식에 '새로
운' 것은[이 개념의 미심쩍은 속성에 대해서는 보토모어(Bottomore, 1991:
373-375) 참조] '잉여가치'와 이윤을 창출하는 데 있어서의 보다 큰 효
율성이다. 다시 말해서 역사적으로 볼 때 그것은 노동을 착취하는 탁
월한 체계이다. 산업자본주의는 또한 더욱더 '단순화된' 계급체계가

특히 특징적이다.

> 그러나 부르주아지의 시대인 우리의 시대는 다음과 같은 두드러진 특징을 지닌다. 그것은 계급대립을 단순화하였다는 점이다. 전체적으로 사회는 점점 더 직접적으로 서로 맞서고 있는 부르주아지와 프롤레타리아트라는 커다란 두 개의 적대적 진영으로 나눠지고 있다(Marx and Engels, 1848: 49).

더 나아가서 자본주의의 계급체계가 두번째의 의미에서 단순화되었다고 주장하였는데, 즉 지배와 피지배계급 사이의 관계가 과거보다 더욱 수단적이며 비인격적이라는 것이다.

> 부르주아지는 그들이 우세할 때마다, 모든 봉건적·종교적·목가적 관계를 종식시켰다. 이것은 인간을 그의 '자연적 지배자'에 묶었던 잡다한 봉건의 끈을 사정없이 끊어버리고, 적나라한 자기 이익, 냉담한 '현금지불' 이상의 어떠한 인간과 인간 사이의 유대관계도 남겨놓지 않았다. 한마디로 착취로 대체하였다(Marx and Engels, 1848: 52).

이 두 개의 주요 발췌문은 유럽에 정치 불안이 널리 퍼져있던 해에 처음으로 출판된 『공산당 선언』에서 인용한 것이다.

본질적으로 분석적이기보다는 선동적인 이 소책자의 냉정하지 못한 언어를 참작해볼 때, 전체적으로 이 책자는 마르크스의 계급이론을 구성하는 기본 사상에 대한 좋은 지침을 제공한다. 마르크스가 자본주의하에서 두 가지 주요 계급만이 존재한다고 주장한 이유는 그 당시 사유재산이 경제관계의 바탕이었고, 논리적으로 두 가지 가능성, 즉 생산수단을 소유한 계급과 이를 소유하지 못해 그들의 작업능력(마르크스의 용법으로 '노동력')을 팔아야 하는 계급만이 존재하기 때문이다. 그리고 고용주와 피고용인 간의 관계가 본질적으로 '적대적'인 이유는 이윤을 얻고 경쟁적인 경제 상황에서 살아남기 위해서는 전자가 후자를 '착취'하도록 강요되어지기 때문이다. 더욱이 '잉여노동'을 이끌어내는 과정에서 고용주는 노동자를 끌어들이고 유지하는 데 필요한 최소한의 임금을 지급함으로써 가능한 비용을 최소화하는 것에 관심이 있을 뿐만이 아니라, 얻을 수 있는 최대한의 생산수준을 달성하려 한다.

그래서 이윤과 임금은 반비례관계이고, "자본의 이익과 노동의 이익은 정반대로 대립한다"(Marx, 1952: 36). 그러므로 두 개의 주요 사회계급 사이에는 노동의 가격과 노동과정 혹은 생산체계에 대한 피할 수 없는 갈등이 존재한다. 마르크스는 부르주아지와 프롤레타리아트 양자는 그들 사이의 경쟁으로 인해 나누어지지만, 상대 계급에 반대하여 결합하게 된다고 인식하였다. 마르크스에 의하면 이러한 계급관계구조의 결과는 소수이지만 훨씬 더 부유한 고용주 계급과 그에 비교되는 점점 더 커지고 가난해지고 균질화되고 소외된 노동력이었다. 이러한 양극화의 최종 산물은 혁명적 계급갈등이 될 것이고, 노동계급의 승리는 불가피한 것으로 마르크스는 생각하였다.

이와 같은 얼마 되지 않은 서론적 논지에서 분명한 것은 마르크스의 계급이론은 근본적으로 동태적 계급개념이며 갈등이 사회변동의 원동력이라는 점이다. 실로 계급갈등은 모든 사회의 역사에 대한 마르크스의 설명의 핵심요소인 것이며, 꼭 자본주의의 기원, 발전 및 그 미래에 대한 설명만은 아니다. 봉건제도에서 자본주의로 이행한 사례에서 도시부르주아지나 제조업에 종사하는 중간계급은 독점적인 길드 장인들을 밀어내고 마침내 힘으로 지배 지주귀족을 대신해 들어섬으로써 혁명적 역할을 담당했다. 그래서 마르크스는 부르주아지들이 혁명적 계급투쟁에서 연합하고 참여함으로써 자본주의라는 새로운 유형의 사회에서 지배계급이 되었다고 주장한다.

마르크스는 현재의 자본주의 지배계급이 봉건 영주와 그들의 제한된 경제적 생산체계를 무너뜨렸을 뿐만 아니라 비교적 짧은 기간에 자본주의 경제·사회적 구조를 계속 변형시킨 업적을 인정했다. 예를 들어, 부르주아지들은 생산수단을 혁명했으며 대도시에 위치한 커다란 공장들에 노동자들을 집중시켰고, 세계 시장을 만들었으며, 무엇보다도 지금까지 알려지지 않고 진정 상상할 수 없는 값싼 상품을 대규모로 생산하였다.

> 부르주아지는 그 진귀한 백 년의 통치기간에 그 이전의 전세대를 통틀어 이루어놓은 것보다 더 대규모이고 더 대량적인 생산력을 창출해왔다 (Marx and Engels, 1848: 57).

하지만 마르크스에게 있어서는 자본주의의 단점이 장점을 능가하는 것이었다. 그는 자본주의 생산양식이 '노동력의 가장 포악스런 낭비'와 '보다 큰 자본이 작은 자본을 이기는' 주기적 공황을 특징으로 하는 '무정부적 경쟁의 체계'라고 주장하였다(Marx, 1970a: 530, 626).

이러한 상황에서 부르주아지는 상품 파괴(과잉생산의 '모순성'), 직원 감축, 임금 삭감, 노동 집중의 증대에 의하여, 그리고 새로운 시장을 개발하며 낡은 시장에 대해서는 예컨대, 신용체계를 통해서 더욱 철저히 착취함으로써 공황들을 해결하려 한다. 마르크스에게 있어서 그런 해결책은 단기적으로는 형평을 복원하는 것이지만, 장기적으로는 단지 보다 크고 깊은 공황으로의 길을 닦는 것이다.

본질적으로 불안정한 경제체계를 창출하는 것 외에도 부르주아지는 또한 그들의 궁극적인 몰락을 초래할 프롤레타리아트라는 계급을 창출한다고 주장한다.

> 그러나 부르주아지는 그들의 종말을 초래할 무기를 만들 뿐만 아니라, 그러한 무기를 휘두를 사람들. 즉 근대 노동계급인 프롤레타리아들을 만들

어낸다(Marx and Engels, 1848: 60).

그런데 경제적 공황은 그것이 아무리 심각하고 빈번하다 할지라
도 자본주의의 종말을 보장해주지는 못하고 단지 혁명적 변동의 전
제 조건일 뿐이다. 마르크스에 따르면 자본주의사회를 초월하게 되
는 것은 오직 프롤레타리아트의 계급행동을 통해서이다.

3. 프롤레타리아화, 양극화 그리고 혁명적 변동

산업자본주의의 자멸적 속성은 마르크스의 노동계급에 부여한 역
사적 혁명 역할을 조장하는 프롤레타리아화라는 중요한 과정에 의
해 확인된다. 마르크스에 있어서 프롤레타리아화는 특히 자영에서
고용되는 지위로의 변동을 말하지만, 그의 저술에서 보면 세 가지
의미를 식별할 수 있다.

  1. 사회의 프롤레타리아화
  2. 노동의 프롤레타리아화
  3. 정치적 프롤레타리아화

첫째로, 사회의 프롤레타리아화란 노동계급이 규모 면에서 커지고
도시지역의 커다란 공장에 집중되고 자본주의 생산양식의 결과로
상대적 빈곤을 체험하는 경향을 뜻한다. 마르크스는 소자본을 희생
하고 대자본을 선호해 자본의 집중을 초래하는 자본주의 산업화와
경쟁적 속성이 자본주의 발전의 '법칙들' 중 하나라고 주장한다. 결
과적으로 자영업자와 소규모 소유주들은 사업에서 사라지고 점차
가난한 임금노동자가 된다.

중산층의 하층 소규모 상인, 가계주인, 은퇴한 소매상, 일반 수공업자와 농부들은 모두 점차 프롤레타리아트로 몰락하는데, 부분적으로는 그들의 소형자본이 근대 산업경영규모에 충족되지 않아서 대자본가들과의 경쟁에서 궁지에 몰리기 때문이고, 부분적으로는 그들의 전문기술이 새로운 생산양식으로 인해서 무가치해지기 때문이다. … 자본이 축적됨에 비례하여 수많은 노동자들은 그들의 보수가 많건 적건 간에 더욱 악화된다(Marx and Engels, 1848: 62; Marx, 1970a: 645).

두번째로, 임금노동자(혹은 마르크스의 용법으로는 임금노예)가 되자마자 프롤레타리아트에 새로 충원된 자들은 기계, 감독과 고용주를 포함한 생산과정에 의해 '노예화'된다.

노동자는 자본주의하에서 다른 상품들과 똑같이 취급되어 시장에서 가능한 최저가로 사고팔린다고 마르크스는 주장한다. 더욱이 기계(예컨대, 마르크스의 용법으로는 죽은 노동)사용의 증가와 더불어 노동의 전문적 분화로 해서, 노동은 탈숙련화되고 노동자들이 모든 자율성과 개성을 상실함에 따라 그들의 지위가 격하된다. 이러한 프롤레타리아화의 차원은 마르크스의 유명한 소외 명제의 부분으로서 이는 그의 『1844년의 경제·철학 수고』(1970b)에서 아주 자세히 묘사되어 있다. 그러나 노동의 프롤레타리아화의 가장 깔끔한 요약은 역시 『공산당 선언』에서 찾아볼 수 있다.

(노동자는) 기계의 부속품이 되고, 그에게 요구되는 것은 단지 가장 단순하고 가장 단조로우며 가장 쉽게 취득할 수 있는 기교일 뿐이다. … 공장 안에 밀집된 노동자 대중은 군인들처럼 조직된다. 산업군대의 사병들과 같이 그들은 장교와 하사관의 완벽한 위계조직의 명령하에 배치된다(Marx and Engels, 1848: 50, 61).

마르크스가 사용한 프롤레타리아화의 세번째이자 마지막 의미는 노동계급의 정치적 의식의 성장을 뜻한다. 이것은 논리적으로 가장 결정적이고 복합적이며 논쟁의 여지가 있는 프롤레타리아화의 차원이다. 마르크스는 일단 프롤레타리아트가 그 규모, 집중도 및 상대적 빈곤의 면에서 증대하고 노동에서의 지위 하락을 경험하게 되면 노동자들은 그들의 임금과 노동조건을 방어하고 향상시키기 위해 뭉치게 될 것이라고, 다시 말하면 부르주아지와의 계급갈등을 개시하기에 이를 것이라고 주장했다. 노동자의 집합적 힘은 초기의 지방적 수준에서의 승리에 의해 강화되겠지만, 산업화로 인한 통신수단의 발달로 인해 계급투쟁은 전국적 규모로 발전하게 된다.

노동계급의 정치의식이 자본가계급의 지배에 성공적으로 도전할 수 있는 수준으로 성장하기 위해서 프롤레타리아트는 작업장에서(예컨대, 노동조합 형식) 그리고 작업장 외에서(예컨대, 정당 형식) 조직화되어야 한다. 결국에는 일시적인 좌절 등에도 불구하고 프롤레타리아트와 지배 자본가계급 사이의 그들 각각의 물질적 이익을 방어하고 혹은 향상시키기 위한 충돌은 혁명적인 정점에까지 이르게 된다. 마르크스는 이 단계에서 프롤레타리아트가 승리하고 착취와 억압이 없는, 즉 무계급의 새로운 유형의 사회를 세우게 될 것이라고 확신하였다.

경제적 조건들은 처음에 나라 안의 대다수의 사람들을 노동자로 변화시킨다. 자본의 결합은 이러한 다수에 대하여 공통의 상황과 공통의 이해관계를 창출하였다. 그래서 이 다수는 이미 자본에 대항하는 하나의 계급이되나 아직 대자적(for itself)이지는 않다. 투쟁하는 가운데 … 이 다수는 뭉치게 되고 그들 스스로 대자적 계급을 형성한다. 계급이 방어하는 이익이 계급이익이 된다. 그러나 계급 대 계급의 투쟁은 정치적 투쟁이며 … (결국 계급)전쟁이 열린 혁명이 되어 일어난다. … 부르주아지의 폭력적 전복은 프롤레타리아트의 지배를 위한 기초가 된다. … 그 안에서는 각각의 자유로운 발전이 모두의 자유로운 발전의 조건이다(Marx, 1971: 173; Marx and Engels, 1848: 70, 90).

근대 자본주의사회에서의 마르크스 계급이론의 이러한 개요는 갈등의 점증하는 여러 단계들에 참여하는 내부적으로 동질적인 두 계급으로 계급구조가 양극화한다는 그의 기본적인 프롤레타리아화－급진화－혁명 명제를 요약하는 것이 된다. 이러한 명제가 자본주의의 핵심이라고 마르크스가 간주한 것은 놀라운 사실이 아니다.

마르크스는 단지 이론가만이 아니었다. 무엇보다도 첫째로, 그의 평생작업의 모든 목적은 그가 보기에 보다 나은 사회로의 변동을 도우려는 것이고, 단지 연구 자체의 목적을 위해 연구한 것은 아니라고 생각하였다(Marx and Engels, 1970).

두번째로, 마르크스는 그의 전생애에 걸쳐 급진적 정치에 적극적이었다. 그는 유럽에서 특히 1848년의 혁명 동안에 반란과 억압의 풍파를 겪었으며, 1850년대까지 영국에서 정치적 망명자로 끝을 맺었다(Berlin, 1963).

세번째로, 비록 그가 프랑스와 미국과 같은 나라들의 자본주의 발전을 인식하지 못한 것은 아니지만 마르크스 계급이론의 경험적 참고점은 최초의 산업자본주의사회인 19세기 영국이었다. 마르크스는 30년 이상 영국에서 가난하게 살면서 작업하였고, 생산되는 막대한 부, 그 생산방식, 그 분배의 불평등 그리고 이러한 상황이 야기하는 폭넓고 극단적인 계급갈등에 깊은 인상을 받았다. 좀더 명확하게 마르크스는 자본가계급의 풍요, 호사, 권력과 노동계급의 빈곤, 격하, 무력함 사이의 커다란 대조와 갈등적 관계를 관찰·연구하였고, 그 일부이기도 했다. 예를 들어 그는 19세기 초 영국 농업노동자의 극심한 빈곤을 기록하였고, 이를 동시대를 사는 '부르주아지들이 스스로 엄청나게 부유해지는' 방식과 대조하였다(1970a: 674). 그는 이러한 불평등 구조와 그 관련된 갈등모형은 자본주의하에서는 불가피한 것이고, 혁명만이 이를 극복할 수 있는 유일한 길이라고 결론지었다,

그를 둘러싼 모든 증거로 볼 때, 그리고 혁명적 사회변동에 대한 그의 정치적 헌신으로 볼 때, 그가 계급을 본질적으로 이분법적이고 갈등적인 용어로 개념화했다는 것은 놀라운 일이 아니다.

4. 혁명적 변동의 장애요인들

계급이익의 본질적 갈등에 기초한 산업자본주의의 변동에 대한 이론을 발전시키는 것에 추가하여 마르크스는 또한 그의 함축적 의미의 이분법적 모형보다 계급들 내에서와 계급들 사이의 관계가 훨씬 더 복합적이고 그럼으로 인해 그것들은 계급형성과 갈등 그리고 총체적 변동에 잠재적 장애요인이 된다고 지적하였다. 혁명적 변동으로의 발전을 방해할 수 있는 첫번째 복잡성은 지금까지 언급한 두 개의 주 계급 외의 다른 계급 등이 있다는 것이다.

마르크스는 다른 여러 계급들에 더하여 계급들의 파벌 혹은 분파들에 대하여 다양한 저작에서 언급했지만, 『루이 보나파르트의 뷔르메르 18일』(1972)에서 가장 두드러지게 언급하였다. 이 19세기 중엽 프랑스의 자세한 분석에서 마르크스는 두 개의 주요 사회계급 내의 계급분파들에 대해 논의한다. 즉 자본은 예를 들면 토지·금융·산업 자본, 노동은 예를 들면 룸펜프롤레타리아트와 프롤레타리아트 그리고 두 개의 과도 계급인 프티부르주아지와 농민 거기에 더해서 여러 중간계급들 예컨대, 군대, 대학, 교회, 법조계, 학계, 언론계에서의 고위층들이 그것이다(1972: 28). 다른 곳에서 마르크스는 노동 귀족, 노동계급의 가장 급료를 많이 받는 부류에 대하여 서술하였고, 나이·성별·기술에 기초한 노동계급 내의 다른 분파들과 지방과 도시노동자들 사이의 대조되는 점에 대해서 종종 언급하였다

(1970a). 그는 자영업자와 소규모 자본가를 하층 중간계급과 중간계급이라는 용어를 사용해 불렀다(Marx and Engels, 1848). 마지막으로 마르크스는 또한 "한편에는 노동자, 다른 한편에서는 자본가 및 지주를 두고 그 사이에 위치한" 재산 없는 중간계급들의 성장을 인식하였다(1969: 573).

마르크스(그리고 엥겔스)에게 있어서 계급을 조각내기도 하고, 연합하게도 하는 것은 '보편적인 경쟁적 투쟁'이다. 즉 "경쟁은 그들을 뭉치게 한다는 사실에도 불구하고, 부르주아는 물론 오히려 더욱 더 노동자 개인들을 서로 분리해놓는다"(1970: 79). 따라서 어떤 시간과 장소에서의 정확한 계급관계의 구조는 환경에 의존한다. 예를 들어, 정치적 갈등이 극렬할 때 계급구조는 고도로 양분화될 것이다. 그러므로 계급양극화와 계급분화는 정도의 문제이다. 명백하게 자본가들 사이의 경쟁과 정치적 분열은 프롤레타리아트의 입장에서는 좋은 소식이며 그 반대도 마찬가지다. 다시 말해서, 마르크스의 갈등하는 두 계급이론은 많은 계급들과 분파들의 존재를 배제하는 것은 아니며, 이러한 모든 것들이 계급의식과 행동의 변이라는 말로 함축된다.

계급이 경제적 이익집단에서 정치적으로 활성화된 혁명적 힘으로 변형되는 과정을 방해할 수 있는 두 번째 중요한 복잡성은 이데올로기의 통합적 역할에 관련된다. 이것은 지배 자본가계급이 물적 생산수단(물건)을 통제할 뿐 아니라 정신적 생산수단(사상) 역시 통제한다는 마르크스의 명제를 말하는 것이다. 그래서 전역사를 통해 모든 지배계급(ruling class)은

오직 그들의 목표를 달성하기 위해 그들의 이익을 사회성원 전체의 공통이익인 것으로 나타내도록 강요한다. … 그들의 관념에 보편성의 형식을 부여해야 하고, 그 관념은 오직 합리적이며 보편적 타당성을 가진 것으로 묘사해야 한다(Marx and Engels, 1970: 65-6).

마르크스는 '정신의 헤게모니'(Marx and Engels, 1970: 67)라는 문구를 사용했지만, 한편 그람시(1971)에 따라 합의된 통치계급지배의 차원을 헤게모니로 묘사하는 것은 이젠 평범한 이야기다(Bottomore, 1991).

충분한 계급의식과 자본주의의 혁명적 붕괴에 관련된 추가적 장애요인은 사람들 간의 사회관계가 '사물들 사이의 관계의 **환상적 형식**'으로 나타나는 '**상품 숭배**'의 파급에 관련된다(Marx, 1970a: 72). 마르크스는 이것으로 그 유용성에서 보다 목적 그 자체로서의 상품의 취득에 초점을 맞추는 소외하는 자본주의 생산양식 속의 노동자 경향을 의미했다. 이러한 경향이 함축하는 정치적 의미는 노동자들의 상품에 대한 숭배가 그들의 자본의 지배에 대한 싸움을 흐트러뜨린다는 것이다.

그래서 마르크스는 자본주의의 경제적 공황과 노동계급의 정치적 행동을 통한 혁명적 변동은 많은 어려움을 내포한다고 인식했다. 이러한 관점은 그가 자본주의 발달의 '법칙'에 대해 "다른 모든 법칙들과 같이 많은 환경들에 의해 그 작동이 수정된다"고 서술했을 때 인정되어졌다(1970a: 644). 착취·프롤레타리아화 그리고 양극화이론에 기초한 마르크스의 두 개의 주 갈등계급모형은 혁명적 변동이 사유재산의 폐지와 무계급사회의 개시에 이르게 될 것이라는 기대와 희망으로 그를 이끌었다. 그러나 선진 자본주의사회의 노동계급이 마르크스의 이론적 정치적 기대에 따르지 못한 것은 계급분화가 역사적으로 계급양극화보다 더 확산된다는 점과 마르크스가 자본주의사회가 계급갈등을 수용하고 번영할 수 있는 능력이 있다는 것을 아주 과소평가했다는 점을 시사해준다.

어떤 사회학자들은 두 개의 갈등계급으로 양극화된 자본주의사회라는 마르크스의 개념은 폐물이라고 결론내렸다(예컨대, Dahrendorf, 1964; Parkin, 1979). 다시 말해서 이러한 모형은 19세기에 계급설명에서는 정확했을지 모르나 지금 세기에서는 점점 더 부적절하다는 것이다. 전형적인 예로, 혁명적 변동이 일어나지 않았을 뿐만 아니라 노동계급이 중간계급화하여 중간계급이 팽창하는 즉 역 프롤레타리아화가 되었다는 점이 주장된다.

역사는 마르크스를 논박했던 것으로 보인다. 이러한 관점을 피력하는 사람들은 다음 절의 주제인 베버의 계급분석에 더 찬성하는 경향이 있다.

5. 베버의 계급이론

막스 베버는 사회계층 즉 위계적으로 배열된 수많은 계층으로의 사회분할로 줄곧 알려지게 되었던 그런 좀더 넓은 맥락에서 마르크스의 계급이론을 발전시킨 사람이라고 믿어지고 있다. 결국, 마르크스와 대조적으로 베버는 계급 이외의 다른 계층 형식 특히 지위 및 인종 계층에 주목했다. 하지만 계급사회학에의 베버의 공헌에 대한 다음의 설명에서는 비계급 집단 묶음들은 계급분석과 직접적 관련이 있는 경우에만 언급될 것이다.

베버의 사회계층에 대한 보다 폭넓은 관심을 개관해주는 많은 텍스트들이 있는데, 어떤 것은 아주 간결하면서 필수적인 기본 사항을 다루고 있으며(예를 들면, Saunders, 1990) 어떤 것은 훨씬 장황하고 보다 자세하다(예를 들면, Giddens, 1979).

계급에의 접근에 있어 마르크스와 베버 사이의 좀더 중요한 대조는 베버의 백과사전적 사회학에서는 이 개념이 그리 중요치 않은 역할을 한다는 점이다. 하지만 역설적이게도 계급에 대한 이러한 보다 더 제한된 인식 속에서도 베버는 마르크스와 달리 계급개념에 대해

체계적인 논의를 제공한다. 그러나 번역·편집자인 거스(Gerth)와 밀스 그리고 파슨스(Parsons)는 각각 베버가 계급을 고찰하는 두 곳에서 원고가 갑자기 끊겼다는 점을 지적한다(Weber, 1961, 1964). 이들 중요 구절들은 비록 로스(Roth)와 위티치(Wittich)의 번역이 약간 다르긴 하지만 다른 곳에서도 발견할 수 있다(Weber, 1968a, 1968b). 다시 말해, 베버의 계급에 대한 설명도 마르크스와 꼭 마찬가지로 불완전하다.

계급개념은 오랫동안, 특히 혁명 사회학자 마르크스의 손에 의해, 고도로 정치적인 것으로 인식되어져왔다. 사실, 립셋(Lipset)과 벤딕스(Bendix)는 "상이한 계급이론들에 대한 논의는 종종 정치적 지향에 대한 실제적 갈등의 학문적 대체물이다"라고 지적하였다(1951: 150). 이런 맥락에서 계급사회학에의 그의 공헌에 대해 개괄하기에 앞서 베버의 정치적 견해에 대한 어떤 것을 이야기하는 것이 타당하다.

산업자본주의에 대한 잘 알려진 마르크스의 비판과 반대와는 대조적으로, 베버는 근대 자본주의의 합리성을 인정하고 사회주의에 반대했다. 베버는 기본적으로 관료제는 다른 어느 행정형식보다 효율적이며, 근대자본주의는 그 관료제의 발전에 유리하다고 생각하였다.

> 이것은 정확성·안정성·규율의 엄정성 그리고 그 신빙성 면에서 다른 어떠한 형식보다 우월하다. … 자본주의는 관료적 행정에 가장 합리적인 기초이며, 그것을 가장 합리적 형식으로 발전할 수 있게 한다(Weber, 1968a: 223, 224).

또한, 베버는 점차 비개인화되고 기계화되는 관료주의적 세계로부터 탈출하기 어렵다는 우려를 표명했지만(Weber, 1968c), 그는 사회주의는 노동 동기를 약화시키고 관료제화의 비인간화 결과를 악화시킨다고 생각하였다(Weber, 1968a). 그래서 베버는 근대자본주의와 법적-합리적 관료제라는 조직의 특징적 형식에 대한 비판자이면서도 찬미자였다.

베버는 계급을 공동계급상황을 공유하는 사람들의 집단이라고 주장하였는데, 그는 계급상황을 다음과 같이 정의하였다.

주어진 경제질서상에서 그 기회란 것이 소득을 위해 상품과 기술을 처분하는 권력의 양과 종류 혹은 그러한 것의 부족에 의해서 결정되는 한에서 상품의 공급, 외부 생활조건 그리고 개인적 생활 경험의 전형적 기회(Weber, 1961: 181).

그러므로 베버에게 있어서 "시장에서의 기회의 종류는 개인 운명의 공통적 조건을 나타내는 결정적 계기이다"(1961: 182).

이러한 계급정의에 근거하여 베버는 두 가지 유형의 긍정적인 특권계급을 구별했다. 이름하여 소유 혹은 재산계급과 취득 혹은 상업계급이 그것이다. 전자는 다양한 종류의 재산, 즉 토지·건물·사람을 소유한 사람들로 구성되고, 후자는 시장에 제공할 수 있는 상품·용역·기술을 소유한 공업·농업기업가, 상인, 은행가, 전문가, 독점적 자격과 기술을 지닌 노동자 등을 포함한다(Weber, 1968a: 303, 304). 베버는 또한 세 가지의 부정적인 특권 재산계급, 즉 '부자유스러운 사람·몰락한 사람·빈민'과 세 가지의 부정적 특권 상업계급, 즉 '숙련·반숙련·미숙련노동자'를 구별하였다(1968a: 303, 304). 긍정적·부정적 특권계급 양자 사이에 농부, 장인, 공무원, 사무원, 자유직업인, 예외적인 자격과 기술을 지닌 일단의 노동자 등 다양한 중간계급들이 존재한다고 베버는 지적했다(Weber, 1968a: 303, 304).

추가해서 베버는 사회계급이라 칭한 계급상황의 구성체를 논의했다는데 즉, "하나의 사회계급은 그 안에서의 개인적 세대적 이동이 쉽고 전형적인 계급상황의 총체를 이룬다"(1968a: 302). 베버는 네 개의 그러한 집단묶음을 열거하였는데, 전체로서 노동계급, 프티부르주아지, 재산 없는 지식인과 기술자와 같은 전문가 그리고 '재산과 교육을 통해 특권을 얻은 계급들'이 그것들이다(1968a: 305). 베버는 계급과 지위상황을 역시 구별하였지만 근대사회에서 '계급상황이 단연 유력한 요인'이라 하였다(1961: 182).

그래서 베버에 따르면 계급은 본질적으로 경제적 현상으로서 좀 더 정확히 말하면 그것은 개인의 시장상황에 따라 결정되는 것이다. 더 나아가서 베버는 '재산'과 '재산의 결핍'이 '모든 계급상황의 기본적 범주'라고 주장하였다(1961: 182). 그러나 베버는 여러 다른 형식의 사회계층을 분석했을 뿐만 아니라 수많은 긍정적 특권계급, 부정적 특권계급, 중간계급을 구분했으며, 계급상황과 계급상황의 구성체를 구별하였기 때문에 일반적인 사회계층구조와 특수한 계급구조에 대한 그의 개념은 극히 복합적이고 다원적이다.

6. 계급갈등의 단편화

베버는 산업자본주의가 발전함에 따라 프티부르주아지가 쇠퇴하고 화이트칼라노동자가 팽창할 것으로 예상한 것 외에는 계급변동의 일반적 이론을 발전시키지 않으면서도 계급분화와 갈등을 논의하였다(1968a: 305).

베버는 "계급을 만드는 요인은 분명히 경제적 이익이다. … 그럼에도 불구하고 계급이익의 개념은 모호한 것이다"(1961: 183)라고 주장하였다. 이것은 다음과 같은 이유 때문이다.

이익의 방향은 크고 작은 부분의 공동체적 행동이 계급상황에 의해 통상적으로 영향을 받느냐, 혹은 개인들이 촉망되는 결과를 기대할 수도 안 할 수도 있는 계급상황으로부터 탄생한 그들 사이의 결사체 즉, 노동조합에 의해 영향을 받느냐에 따라 다양할 수 있다(Weber, 1961: 183).

더구나 조직된 계급행동은 어떠한 조건에 의해 조장되는데, 그 조
건들 속에는 '이익의 직접적 갈등이 심각한 상황에서 (계급행동이: 역
자) 갈등 상대방에 집중될 가능성'과 커다란 공장에서 경영자에 대항
하는 노동자들과 같이 커다란 계급이 집중되어 있는 상황에서 그럴
가능성이 포함된다(Weber, 1964: 427). 그러므로 베버에게 있어서 계
급관계, 경제적 이익과 계급행동은 어떤 '재능있는 저자'가 우리를
믿게 할 수 있는 것처럼 그렇게 간단한 것이 아니다(1961: 185).

계급행동의 문제는 또한 '명예에 대한 긍정적·부정적인 사회평가'
에 근거한 지위집단의 존재 때문에 복잡해진다(Weber, 1961: 187). 베
버는 정치집단들은 계급상황 혹은 지위상황을 통해 결정되는 이익
을 대표하기 때문에 그들은 그들의 후계자들을 계급상황 혹은 지위
상황으로부터 각각 충원하거나, 아니면 양쪽 어느 곳으로부터도 충
원하지 않거나 할 것이다(1961: 194).

이렇게 해서 베버의 계급사회학은 '모든 계급상황들의 기본적 두
범주들'(즉 재산과 비재산의 두 범주)에서 시작하는 것이지만, 교육과 재
산을 중심으로 하는 수많은 긍정적·부정적 특권 계급들을 구별하고
지위집단들의 분석도 포함한다(1961: 182). 이러한 본질적으로 계급
(그리고 지위)에 대한 위계적이고 고도로 다원적인 설명은 경제적 이
익이 계급행동의 뿌리에 있다는 것을 인지하는 것이지만, 그러나 특
히 정치집단들과의 관계 속에서 계급과 지위 사이의 가변적 연결 때
문에 적지 않게 계급이익의 표현이 문제가 된다는 것을 인식한다.

7. 요약과 결론

마르크스와 베버는 경제적 용어로 계급을 개념화하였고, 근대자본주의에서 주 계급범주가 교환을 위한 재산의 소유와 비소유 사이의 구별을 포함한다고 주장했으며, 다른 다양한 계급들을 구별하였다. 그래서 그들의 계급에 대한 견해는 강조점에 있어 명백한 차이 역시 존재하지만, 중요한 사항에서는 중복된다.

예를 들면 베버는 마르크스보다 더 지식과 기술로부터 오는 계급 이점을 강조했고, 계급상황과 지위상황을 구별하였으나 근대사회에서 전자가 후자보다 더 중요하다고 하였다. 더욱이 마르크스는 갈등의 역할과 계급구조의 양극화에 집중한 반면, 베버는 계급행위의 문제적 성질과 계급구조의 분화에 주목하였다. 마르크스는 사회주의가 본질적으로 갈등적인 자본주의의 성질을 극복하고 무계급사회를 개시하게 된다고 결론내렸다. 반면 베버는 '합리적' 자본주의의 비인간화란 잠재성을 우려하면서도, 사회주의는 사태를 더욱 악화시킬 뿐이라고 주장하였다.

마지막으로, 계급은 마르크스의 사회학에서 주연배우 같은 역할을 하고, 베버, 그후 기든스(1979)에 있어서는 덜 두드러진 역할을 하지만, 그들은 다 같이 현대 계급구조의 분석을 위한 본질적인 개념적 도구들, 즉 재산의 소유와 지식의 소유 그리고 육체노동력이라는 계급을 낳는 경제적 요인들을 제공해준다는 점을 지적할 수 있을 것이다.

제2장 현대 계급이론: 신마르크스주의자와 신베버주의자

1. 서론

계급의 의미에 대한 마르크스와 베버의 설명의 이론적 우위는 그 시각들 사이의 연속성과 주요 계급개념을 이해하려는 이후의 실제적인 모든 시도들 속에 반영된다. 이장의 목적은 라이트(Wright)의 신마르크스주의 계급이론과 골드소르프(Goldthorpe)의 신베버주의 계급이론을 고찰하는 것이다.

계급에 대한 현대이론에서 이들이 선택된 이유는 그것들이 최근 경험적 조사에 사용되어온 계급도식의 발전에 영향을 주었기 때문이다. 좀더 구체적으로 보면, 마르크스 계급모형의 수정을 수반하는 라이트의 공헌이 미국·스웨덴·영국의 계급구조에 대한 사회학적 연구에 성공적으로 작동되었다(예: Wright, 1985; Edgell and Duke, 1991). 또한, 베버의 계급모형의 수정을 수반한 골드르소프의 공헌은 영국과 다른 근대 산업사회의 최근 계급연구에 사용되었다(예: Goldthorpe, 1987; Marshall et al., 1988; Erikson and Goldthorpe, 1992). 이렇게 라이트와 골드소르프는 계급분석의 두 주요 이론적 전통인 마르크스와 베버의 전통을 각각 대표한다.

다른 학자들도 이러한 전통 내에서 집필을 해왔지만, 그들의 이론은 라이트와 골드소르프 같은 정도로 현장 검증이 되지 않았다(예: 신마르크스주의자인 Carchedi, 1977과 Poulantzas, 1979; 신베버주의자인 Giddens, 1979와 Parkin, 1979).

2. 라이트의 신마르크스주의 계급이론

라이트는 1970년대 중반부터 마르크스 원래의 계급이론에 대한 그의 재공식화를 계속하여 수정해온 미국의 성찰적인 신마르크스주의 사회학자다. 그의 출발점은, 유럽 마르크스주의자들에 의한 마르크스주의 계급이론의 많은 수정들에도 불구하고, 마르크스주의는 경험적으로보다 이론적으로 더 영향을 미친다는 점이다. 그래서 그는 경험조사에 사용될 수 있는 마르크스의 계급유형론을 발전시키는 데 관심을 갖는다. 라이트에 따르면,

> 바로 계급이 어떻게 개념화되며, 어떠한 사회 위치들의 범주가 어떠한 계급 내에 위치하느냐가, 우리가 계급투쟁과 사회변동을 이해하는 데 커다란 문제가 된다(Wright, 1976: 3-4).

라이트의 첫번째 '계급지도'는 후에 책의 형태로 출판된 그의 박사 학위 논문(1979)에서 발전되었다. 라이트는 그의 계급연구의 초기 단계에서 선진 자본주의사회에서 '신중간계급'을 이해하는 문제에 대한 카세디(Carchedi)의 저작으로부터 '모순적 계급위치'라는 착상을 끌어내었다. 그는 어떤 면에서 모든 계급관계들은 본질적으로 적대

적이기 때문에 모든 계급위치는 모순적 위치지만, 계급구조상의 어떤 위치들은 자본주의사회의 기본적인 모순적 계급관계들 사이에서 찢어진 위치들로 나타나기 때문에 이중적으로 그러하다고 지적한다. 라이트는 이러한 모호한 계급들을 '기본적인 모순적 계급위치들 내의 모순적 위치'라는 세련되지 못한 용어보다 오히려 모순적 계급들이라 불렀던 것이다. 이러한 생각은 라이트로 하여금 문제적인 중간계급을 이론화하고, 기본적인 마르크스의 이분적 계급모형을 경영자·소고용주·반자율임금소득자들을 포함하도록 확대시킬 수 있게 하였다.

그래서 라이트에게 있어서 경영자는 부르주아지와 프롤레타리아트 사이의 갈등적 위치에 있고, 반자율노동자는 프티부르주아지와 프롤레타리아트 사이의 모순적 위치를 점하며, 소고용주는 부르주아지와 프티부르주아지 사이의 모순적 위치를 점한다.

라이트의 이러한 세 가지 모순적 계급위치 구분은 투자와 축적과정에 대한 통제와 생산수단에 대한 통제 그리고 노동력에 대한 통제 등 통제개념에 기초한다. 선진 자본주의사회에서 부르주아지는 이 세 가지 유형의 통제 모두를 행사하며, 프롤레타리아트는 아무것도 행사하지 못한다. 프티부르주아지는 타인의 노동력에 대해 통제하지 않는 것 외에는 부르주아지와 유사하다. 경영·소고용주·반자율노동자들은 노동자에 비해 다양한 양의 통제를 행사하나 부르주아지만은 못하다. 이렇게 모순적 계급은 통제의 혼합된 모형을 보여주는 계급들이다.

통제개념에 대한 더 자세한 설명에서 라이트는 위에서 언급한 세 가지 통제 모형 외에도 네 가지 통제의 정도(완전한·부분적인·최소한의·전무한)를 구별한다(1976: 33). 이는 그로 하여금 부르주아지와 프롤레타리아트 사이의 하나의 모순적 위치보다는 네 개의 모순적 위치

<그림 2-1> 라이트: 계급지도 I (기본판) ─ 자본주의사회에 있어서의
기본계급 세력에 대한 모순적 계급위치의 관계

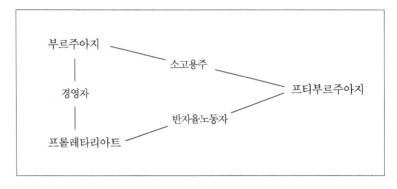

주: 큰 글자가 계급. 작은 글자가 계급관계 내에서의 모순적 위치
출처: Wright, 1976: p.27.

를 분류할 수 있도록 하였다. 즉 투자에 대해 완전한 통제를 행사하
는 고위 경영자, 투자·생산수단·타인의 노동력에 대해 부분적 통제
를 행사하는 중간 경영자, 생산과 노동에 대해 최소한의 통제를 행
사하는 전문 기술자, 단지 노동력에 대해서만 최소한의 통제를 행사
하는 직공장이 그것이다. 라이트는 또한 부르주아지를 전통적 자본
가와 최고위법인 중역으로 나누었는데, 이는 후자가 다소간의 자본
을 소유하지만 노동력의 고용주라는 법적 지위를 갖지 못하는 일종
의 의사-모순적 위치라는 데 근거한 것이다. 계급관계의 복잡성에
대한 라이트의 이러한 인식은 그의 첫번째 계급지도가 6개 내지 10
개의 계급을 포함한다는 것을 의미한다.
　　조사 자료를 사용하면서 이 계급유형론을 운용해보려고 시도하였을 때
라이트는 반자율노동자의 계급상황이 노동계급의 그것과 사실상 구별할
수 없기 때문에, 프티부르주아지와 프롤레타리아트 사이의 모순적 계급위
치를 정의하는 것이 불가능하다는 것을 발견하였다(Wright, 1979: 241-242).

<그림 2-2> 라이트: 계급지도 I (완전판)

```
1. 부르주아지: 전통적 자본가
2. 의사-모순적 위치: 최고위 법인 중역
3. 모순적 위치: 고위 경영자
4. 모순적 위치: 중간 경영자
5. 모순적 위치: 전문 기술자
6. 모순적 위치: 직공장
7. 프롤레타리아트
8. 모순적 위치: 반자율노동자
9. 프티부르주아지
10. 소고용주
```

출처: Wright, 1976: p.33.

따라서 라이트는 이 계급을 프롤레타리아트와 합쳤고 그에 따라 반자율노동자의 범주는 포기되었다(Wright, 1985: 49-57도 참조). 이는 모순적 위치 개념으로부터의 이탈을 예고하는 것이었다.

모순적 계급위치 개념이 선진 자본주의사회에서의 재산 없는 중간계급의 문제를 다루려는 다른 시도들에 대한 개선이라고 생각했지만, 다른 두 가지 주요 난점이 있음을 인식하였다.

첫째, 생산양식 내의 모순적 위치의 경우 경영자들 외에는 모순적이라는 용어가 본질적으로 문제가 되는데, 왜냐하면 생산양식 사이의 모순적 위치들은 '명백하게 모순적 위치들'이 아니라 단지 혼합적 위치들이기 때문이다(Wright, 1985: 53).

그리고 두번째로 라이트의 견해에서 무엇보다 중요한 것으로 "계급관계 내 모순적 계급위치 개념이 착취보다는 지배의 관계에 거의 전적으로 달려 있다"는 것이다(Wright, 1985: 56). 예를 들어, 경영자는 그들이 노동자를 지배하는 동시에 자본가에 의해 지배받기 때문에 라이트에 의해 모순적 위치로 정의되었다. 라이트는 착취의 주변화에 대해 매우 비판적인데 그것은 착취의 주변화가 고전 마르크스주의에서 근본적인 계급위치와 계급이익 사이의 관계를 약화시키고 사회 분파에 대한 '다중적 억압' 방식을 야기하기 때문이다(1985: 57). 라이트의 첫번째 계급지도의 이론적 기초에 대한 자기비판은 모순적 계급위치 개념에 가해진 많은 비판들(예: Giddens, 1979; Stewart et al., 1980; Holmwood and Stewart, 1983)을 인정하였고, 계급에 대한 그의 접근의 완전한 수정을 위한 길을 열었다.

라이트는 "일반적인 계급구조 분석을 위한 포괄적 틀을 정교화하고 특별히 중간계급 문제를 재개념화하기 위한 기초"(1985: 73)로서 로이머(Roemer, 1982)의 착취에 대한 설명을 끌어들였다. 라이트는 착취를 "한 계급의 노동결실에 대한 다른 계급의 경제적인 억압적 전유"로 정의하였으며(1985: 77), 생산수단의 소유에 기초하여 노동자를 착취할 수 있는 자본가들에 추가하여 어떤 비소유자들은 그들의 조직자산 그리고/또는 기술/자격자산에 기초하여 다른 비소유자를 착취할 수 있다고 주장하였다. 착취의 이들 세 가지 유형을 구별하고, 그 유형들의 결합에 의해서 라이트는 착취에 대한 고전 마르크스 사상에 충실하게 머물면서 소유자와 비소유자의 이분법을 결합하고, 그러면서 선진 자본주의에서 증가되는 계급관계의 복잡성을 반영하는 계급도식을 발전시킬 수 있었다.

라이트의 두번째 계급지도는 두 가지 방식으로 볼 수 있는데, 첫째는, 자본주의의 원초적인 구조적 계급분열인 생산수단의 소유자와 비소유자 간의 분리가 있다는 것이고, 두번째는, 이 각각의 기본적 계급범주가 내부적으로 분화되었다는 것이다. 전자의 계급분화는 소유자가 일을 하는가 혹은 노동자를 고용하는가에 따른 것이고, 후자는 비소유자가 가진 조직자산과 기술/자격자산의 유형과 수준에 따른 것이다.

여기서 그의 첫번째 계급지도가 포함하는 수의 정확히 두 배인

12계급이 등장하게 된다. 그러나 추가되는 모든 계급은 계급구조의 무재산 부분 내에 위치한다. 그러므로 라이트의 계급지도 II 는 현대 자본주의의 특징인 계급관계 구조의 복잡성에 대해 좀더 철저히 이론화된 설명을 한다는 점에서, 계급지도 I 의 10개 계급 완전판을 상기시킨다.

이러한 일반적 이점 외에도 라이트는 그의 계급 재공식화가 무재산 중간계급의 아래와 같은 특성을 인지함으로써, 그의 첫번째 계급지도를 향상시킨 것이라고 주장하였다.

> 무재산 중간계급은 그들의 효율적인 조직의 통제와 기술자산 때문에 노동자에 반대되는 이해를 갖는다. 그러므로 자본주의의 투쟁 속에서 이들 '신'중간계급은 모순적 위치를, 혹은 좀더 정확히 말하면 착취관계 내에서 모순적 위치를 구성한다(1985: 87).

라이트는 또한 그의 수정된 계급틀은 어떤 모순적 위치가 역사적으로 가장 중요한 것인가를 밝혀준다고 주장한다. 그는 자본주의 내에서 주요 모순적 위치는 "경영자와 국가 관료로 구성되며," 이는 이들 계급이 "자본주의와는 확연히 구별되고, 잠재적으로 자본주의 관계에 대한 대안이 되는 계급조직의 원칙을 구체화"하기 때문이라고 주장하였다(1985: 89). 사실 그는 이런 주장은 국가 경영자의 생애가 자본가계급의 이익에 덜 묶여 있기 때문에 법인 경영자보다 국가 경영자에 더 적용된다고 하였다.

라이트는 비록 프롤레타리아트의 역사적인 혁명적 역할에 관한 고전 마르크스의 명제에 정면으로 논박하기는 하지만, 그의 두번째 계급지도의 정치적 함축성에 관해서 상당히 개방적이다. 그는 그의 무재산 중간계급의 재개념화가, 노동계급 외에 "자본주의 내에 자본주의에 대한 대안을 제기하는 잠재력을 지닌 다른 계급세력," 특히

<그림 2-3> 라이트: 계급지도 II

생산수단자산

	생산수단의 소유자	비소유자(임금노동자)			
노동자를 고용할 충분한 자본을 소유하고 일하지 않음	1. 부르주아지	4. 전문인 경영자	7. 반전문자격 경영자	10. 비전문자격 경영자	+
노동자를 고용할 충분한 자본을 소유하나 일할 수도 있음	2. 소고용주	5. 전문인 감독자	8. 반전문자격 감독자	11. 비전문자격 감독자	>0
스스로 일하는 데 충분한 자본을 소유하나 노동자를 고용할 만큼 충분치 못함	3. 프티부르주아지	6. 전문인 비경영자	9. 반전문자격 노동자	12. 프롤레타리아	-

조 직 자 산

+ 　　>0　　 -

기 술 / 자 격 자 산

출처: Wright, 1985: p.88.

관료적 경영자가 "있을 가능성을 포함하고 있다"는 점을 인정하였다(1985: 89). 라이트는 마찬가지로 계급지도의 사회학적 결과에 대해 솔직히 "계급형성의 과정과 계급투쟁이 전통적인 마르크스주의 논의가 주장하는 것 보다 훨씬 더 복잡하고 애매하다"고 시인했다(1985: 91). 그러므로 라이트의 두번째 계급지도는 마르크스의 계급사회학과 그에 결부된 정치적 기대에 대한 주요한 수정을 포함한다.

3. 라이트에 대한 비판

라이트의 비판적 성찰의 성향은 그의 두번째 계급지도에서 비롯되는 많은 문제들에 대한 그의 논의에서 명확하다. 그는 그의 네 가지 주요 난점을 열거하였는데, 이들은 모두 그의 착취에 대한 핵심

개념에 관계되어 있다.

첫째로, "경영자와 관료가 착취자라는 주장을 받아들인다 해도 통제가 그 착취의 기초라는 주장에 대해서는 여전히 회의적일 것"(1985: 92)이라는 점에 근거해서 그는 조직착취에 대해 의문을 나타냈다. 둘째로, 그는 기술착취와 계급 간의 관계에 대해, 이러한 유형의 착취가 계급간 분화보다는 계급 내 분화의 기초일 것이라고 언급하면서 의문을 제기한다. 셋째로, 그는 착취의 유형들간의 연결에 대해 확신하지 못했는데, 예를 들어 그는 서로 다른 유형들은 서로를 강화한다는 가정은 경험적으로 인정하기 어려운 것으로 간주한다. 마지막 네번째로, 그는 인종·종교·성과 같은 비계급적 착취 기반에 대해 문제를 제기하고, "생산에 근거한 착취는 이것이 피착취자와 착취자 사이에서 특정 유형의 상호 의존을 낳기 때문에 비생산적 착취와는 구별되는 범주"(1985: 98)라고 주장하였다.

다른 사회학자들은 마르크스의 계급이론을 쇄신하려는 시도에 대한 라이트의 자기비판을 신속히 북돋워나갔다. 모두들 그의 최후의 수정이 마르크스의 계급개념화로부터 멀어지고 베버의 계급개념화 쪽으로의 움직임을 포함한다는 데 동의하였다(예: Giddens, 1985; Cater, 1986; Rose and Marshall, 1986). 예를 들어 베버는 계급분석에 대한 희소기술과 전문성의 유관적합성과 그로 인한 무재산 중간계급의 특수성을 강조하였을 뿐만 아니라, 인종적 지위와 같은 비계급적 요인의 역할도 강조하였다. 라이트는 이러한 방향의 비판을 예상하면서, 그 자신의 접근이 여전히 본질적으로는 '유물론자'이므로 마르크스적이고, '문화주의자'가 아니므로 베버적이 아니라고 결론지었다(1985: 108).

라이트는 그의 접근이 더 이상 마르크스적이지 않다는 비난에 대해 다음과 같은 주장으로 자신을 방어한다. 즉, 베버주의자들이 같

은 계급기준 중 몇몇을 사용하기는 하지만,

> 마르크스적인 틀에서는, 이러한 착취과정에 깊은 관련이 있는 물질적 이익이 행위자의 주관적 상태와는 관계없이 객관적 특징을 지니는 것이고, 베버적 시각에서는 합리화가 행위자들의 물적 이익에 대한 특정 종류의 주관적 이해를 함축하고 있다는 오직 그런 이유 때문에 이들 관계를 적어도 계급관계로 묘사하는 데 정당성이 부여되는 것이다(Wright, 1985: 108).

다시 말해서, 마르크스적 계급개념화에 대한 라이트의 수정과 베버적 계급분석 사이에 점차 수렴이 이루어지는 것은 실제보다 더 피상적이다. 하지만 그럴까? 그의 저작을 통하여 라이트는 때때로는 간단히(예: 1979: 17) 그리고 어떤 경우 좀더 자세하게(예: 1985: 26-27) 무엇이 일반적인 마르크스주의 계급이론을 구성하는가를 개괄하였다. 그 분명한 면모들은 다음과 같이 요약될 수 있다(1979: 17).

> 1. 계급은 '등급적이기보다 관계적인 용어로' 정의된다.
> 2. '계급관계의 중심축은 시장보다는 사회 생산조직 내에 자리한다.'
> 3. 계급관계의 분석은 '기술적 분업이나 권위관계보다는 착취과정의 고찰'에 입각한다.

이들 세 가지 관점은 상호관련성이 있음에도 불구하고, 그들 각각은 분석적으로 마치 분리된 것처럼 취급될 수 있다. 첫번째 것은 계급이 수입·지위·교육 등의 등급이 아닌 생산수단의 관계라는 마르크스주의의 기본적인 논점을 언급하는 것이다. 다른 계급과의 관계에서 정의되는 계급들이 역시 부 같은 등급적인 재산을 소유한다 할지라도, 문제의 요점은 계급을 정의하는 것은 그들의 배분적 특질이 아니라 관계적인 성격이라는 것이다. 라이트의 모든 계급지도들은 그것들의 핵심에 자본가와 노동자라는 고전 마르크스주의의 적대적 계급 이분법을 포함할 정도로 관계적이다. 그러나 그의 다양한 계급지도를 정교화하는 데서 그는 등급적 요소에 빠졌는데, 예를 들어 첫번째 계급지도의 완전판에서 최고위 경영자와 중간경영자 사이의 구분은 자본주의 위계제 내에서의 통제정도에 근거한 것이다. 라이트의 등급적 계급이란 언어의 사용은 그가 이들 모순적 계급들을 구분하는 데 등급적 요인에 호소했다는 점을 확인시켜 주는 것이다.

지배중심의 계급모형에서 착취중심의 계급모형으로의 변동에도 불구하고 유사한 류(類)의 비판이 라이트의 계급지도 II에 적용된다. 좀더 구체적으로, 소유권 착취는 관계적인 반면, 조직자산과 기술/자격자산은 확실히 관계적이 아니라 등급적이라고 논할 수 있다. 예를 들어, 왜 기술/자격의 소유가 소득의 등급을 이끌기보다 오히려 전문가에 의한 비전문가의 착취를 이끌어야 하는지가 분명하지 않다. 라이트는 다시 한번 등급적 언어에 호소함으로써 이 점을 효과적으로 시인하게 된다. 그래서 비소유자의 내적 분화는 조직자산과 기술/자격자산 정도의 구별에 의해 달성된다. 아마도 무재산 중간계급은 관계적으로 정의된 특징적 계급으로서가 아니라 라이트가 언급은 하면서도 자세하게 고찰하지 않은 가능성으로서 등급적 계급분파로 간주되어야 할 것이다(1985: 95).

라이트의 두번째 분명한 마르크스주의 계급이론의 면모는 계급이 관계적 개념임은 물론 생산 중심적 개념이라는 주장을 포함한다. 이 쟁점에 관해서는 두 가지 문제가 있는데, 둘 다 라이트에 의해 인식된 것들이다.

첫째로, 그는 마르크스주의자들 사이에서 사회 생산관계를—예를 들어 재산 관계에만 관련하여 혹은 조직자산과 같은 다른 요인들과 결합하여—어떻게 정의해야 하는가에 대한 합의가 없다고 지적한다

(1985: 37). 둘째로, 그는 베버와 마르크스 두 사람 모두 생산에 기초한 계급정의를 사용하였음을 인정한다. 즉 '베버에서의 자본, 원래의 노동력과 기술; 마르크스에서의 자본과 노동력'이 그것이다(1985: 107). 라이트에 따르면,

> 그들 사이의 차이는 베버가 이러한 자산들이 매매되는 시장교환의 관점에서 생산을 보는 데 대하여, 마르크스는 그것이 생성되는 착취의 관점에서 생산을 본다(1985: 107).

라이트가 사유재산의 소유에 기초하는 것 외에 두 가지 유형, 즉 조직과 기술/자격자산을 포함하는 데까지 착취에 대한 그의 생각을 확대했다면, 그의 현재 위치는 베버의 생각과 실제적으로 동일하다. 이것은 "재산과 재산의 결핍은 … 모든 계급상황의 기본적 범주이다"(1961: 182)라고 한 마르크스와 일치하는 것일 뿐 아니라 기술과 같은 다른 요인들도 역시 무산자 사이의 계급분화를 생성할 수 있다고 주장한 베버와도 일치하기 때문이다. 그래서 라이트의 수정된 도식은 생산에 기초한 계급정의 대 시장에 기초한 계급정의의 문제에 관련해서 보면 베버의 계급정의와 실제적으로 어떻게 다른지를 알아내기 어렵다. 그러나 마지막 분석에서는 사회 생산관계와 시장이 어떻게 정의되는가 하는 점과 계급의 이러한 측면에 관한 마르크스주의자와 베버주의자의 시각에 대한 설명에 많이 의존한다(Cromption and Gubbay, 1977).

라이트의 마르크스주의 계급이론의 세번째이자 마지막의 핵심적 성격은 계급과 직업 사이의 구별에 관련된다. 마르크스와 라이트를 포함한 신마르크스주의자들은 비마르크스주의자들의 직업계급 정의가 기술적·권위적 생산관계에 초점을 두고 있는 것과는 대조적으로 계급의 착취적 생산관계 개념을 크게 강조한다(Wright, 1980a, 1980b). 이런 차이가 계급관계는 본질적으로 적대적이라는 마르크스주의 명

제의 원천이며, 라이트의 모든 계급지도의 핵심에 존재한다.

그러나 그의 계급지도Ⅰ의 완전판과 계급지도Ⅱ에서 보면 직업적 위계제의 분석에 의존하여 식별되는 모순적 '중간계급'이 위치하고 있다. 우리가 살펴보았던 것처럼 라이트는 처음에 이러한 비노동계급 피고용인들을 투자와 같은 돈에 대한, 공장과 같은 물적 생산수단에 대한, 그리고 사람과 같은 노동력에 대한 통제의 상이한 정도란 측면에서 정의하였다. 그래서 라이트는 처음에 이러한 통제의 관계가 이들 중간적 계급위치에 대한 그의 정의에 어떤 역할을 하게된다는 것을 충분히 인식했으나, 그것의 중요성을 일차적이 아닌 이차적인 것으로 간주하였다. 그러므로 적어도 직업적 고려는 초기에서부터 라이트의 계급분석에서 제외되지 않는다.

착취중심의 계급개념으로의 이동이 이러한 문제를 어느 정도 극복하고 있는가? 라이트는 조직자산과 기술/자격자산이 비록 부차적이긴 해도 착취의 형식들이며, 또한 적대적 계급관계의 기초라고 주장하였다. 거꾸로 이러한 자산들은 떼어내지 못하는 것이며 그러므로 특징적인 착취형식의 기초인 것이지만 직업적 특징들이라고 주장할 수 있다. 예를 들어 카세디는 "자본자산의 소유와 조직자산의 소유 사이의 분리는 자본자산의 조직을 통제하는 것이 그것을 소유하는 것이기 때문에 효율적·경제적 의미에서 의미가 없다"(1989: 110)고 주장하였다. 또한 기술이 있고 자격이 있는 노동자들이 '자본주의 착취자'들의 이익을 위하여 다른 무재산노동자들과 협력한다는 점도 역시 지적되어왔다(Stinchcombe 1989: 177). 이러한 관점들은 라이트의 다중착취와 다중계급위치이론에 대한 심각한 의문을 제기한다. 그래서 불평등한 조직, 기술/자격자산의 배분은 착취적 계급관계의 기초가 아니라, 무재산계급 내의 기술적 분업 혹은 권위관계상의 차이와 관련된다.

그러므로 라이트 자신이 마르크스주의 계급이론에 부여한 특성 측면에서 보아, 그의 두 가지 계급 지도는 모두 관계적 요소는 물론 등급적 요소도 포함하기 때문에 순수하게 마르크스적인 것은 아니다.

주요 면모들의 선택에서도 역시 문제점이 있다. 잉여가치와 프롤레타리아트의 혁명적 변동에 대한 이론 역시 마르크스주의에 있어 중대한 것이라고 주장될 수 있고, 그도 마르크스 계급이론에서 그것들이 중심적인 것임을 인식함에도 불구하고 그가 규정하고 있는 면모들의 목록에 이것들을 포함시키지 않았다. 아마도 이것은 그가 선진 자본주의에서 '중간계급이 자본주의에 대안을 제시할 잠재력'을 가졌다고 간주했기 때문일 것이다(Wright, 1985: 89).

4. 골드소르프의 신베버주의 계급이론

골드소르프는 1960년대 이래 영국의 계급구조를 분석해왔다(Goldthorpe and Lockwood, 1963). 록우드(Lockwood) 등과 함께 수행한 그의 초기 경험적 연구는 육체노동계급과 비육체노동계급 사이의 구별에 입각한 것이었으며, 그 당시 널리 통용되던 직업적 지위척도에 의지하여 이루어졌다(Goldthorpe et al., 1968, 1969). '풍요한 노동자'라는 프로젝트에서 쓰인 홀-존스(Hall-Jones) 척도의 수정판은 (남성)사회이동의 옥스퍼드연구(1987)로 알려진 후기 경험적 조사에서 골드소르프에 의해 개발되었던 계급도식과 비교될 수 있다. 두 개의 계급 지도는 화이트칼라·서비스계급, 중간계급, 육체·노동계급이라고 유사하게 이름 붙여진 3개 집단들이 들어 있는 계급범주에 상응하는 부류의 범주를 포함하고 있다(Goldthorpe et al., 1969: 197; Goldthorpe,

1987: 40-43).

널리 사용되는 골드소르프의 일곱 겹의 계급도식은 호프-골드소르프(Hope-Goldthorpe)직업척도의 좌절된 36개 범주 판에서 수합한 집합 범주에 의해 구축되었다(Goldthorpe, 1987: 40; Goldthorpe and Hope, 1974 참조). 이 척도 범주의 집합은 "척도의 순서에 따른 범주들의 위치에 관계없이 이루어졌고," 따라서 이 계급도식은 "일관되게 위계적인" 것이 아니다(Goldthorpe, 1987: 43). 골드소르프는 또한 이들 계급범주들은 "그것들이 직업적 기능과 고용지위(사실상 그 관련된 고용지위는 직업 정의의 부분으로 취급된다)라는 점에서 비교적 고도의 분화를 제공해준다"는 의미에서 매우 특징적인 것이라고 강조한다(1987: 40). 기술적 생산관계와 사회 생산관계를 혼합한 계급도식 구성의 정당화는 그 계급도식이 구별된 계급들 내에서 "그 직업에 속하는 사람들이 대체로 유사한 시장과 노동상황을 전형적으로 공유하는 직업들"을 모른다는 데 있다(1987: 40). 그래서,

> 우리는 그 구성원들이 이용가능한 증거에 비추어 그런 직업적 범주들을 결합했다. 그 범주들이란 전형적으로는 그들의 수입원천과 수준, 경제적 안전의 정도 그리고 경제적 발전의 기회(예: 시장상황)이며, 다른 한편으로 그들이 참여하고 있는 생산과정을 지배하는 통제와 권위체계 내에서 차지하는 그들의 위치(예: 노동상황)의 측면에서 비교할 수 있는 범주들이다(Goldthorpe et al., 1987: 40).

라이트와 현저하게 대조를 이루면서 골드소르프는 이들 명시성의 중요한 관점들을 넘어서서 최소한의 설명으로 그의 계급도식을 소개했다. 그러나 이 계급도식의 신베버주의적 성향은 그가 베버의 두 개의 기본적 계급요소인 교환을 위한 부의 소유와 시장성있는 지식·기술을 하나의 모형 안에 결합하려한 그의 시도에서 쉽게 드러난다. 골

드소르프는 이를 별도의 출판물(Goldthorpe and Bevan, 1977: 280-281) 속에서 명백히 인정하였고, 다른 사람들도 지적한 바 있다(예: Marshall et al., 1988: 21). 골드소르프를 베버에 이어주는 이론적 도관은 물론 록우드의 노동상황과 시장상황의 구별이다(Lockwood, 1958). 록우드를 반영하여 골드소르프는 이러한 차원들이 '계급위치의 두 개의 주 구성요소'라고 주장하였다(1987: 40).

<그림 2-4> 골드소르프의 계급도식(원판)

Ⅰ. 자영이건 봉급생활자이건 높은 등급의 전문가; 높은 등급의 관리자와 공무원; 큰 산업시설의 경영자; 대소유주.
Ⅱ. 낮은 등급의 전문가와 높은 등급의 기술자; 낮은 등급의 관리자와 공무원; 작은 사업체와 산업시설 및 서비스 시설의 경영자; 비육체 피고용인의 감독자.
Ⅲ. 행정 및 상업부문의 관례적 비육체 피고용인; 판매직 종사자; 기타 서비스 부문의 평직원들.
Ⅳ. 소소유주; 자영 기술공; 기타 전문직과는 거리가 먼 자영노동자.
Ⅴ. 낮은 등급의 기술자; 육체노동자의 감독자.
Ⅵ. 모든 산업 계열에서의 숙련육체임금노동자.
Ⅶ. 반· 비숙련육체노동자; 농업노동자.

주: 계급 Ⅰ·Ⅱ = 서비스계급
　　계급 Ⅲ·Ⅳ·Ⅴ = 중간적 계급
　　계급 Ⅵ·Ⅶ = 노동계급
출처: Goldthorpe, 1987: pp.40-43.

이와 같이 계급을 세 개의 집단으로 묶는 주요 배후가정은 그 묶음들이 노동상황과 시장상황의 면에서 비교될 수 있다고 간주되는 계급들을 포함하고 있다는 것이다. 서비스계급에는 유산자계급과 무산자계급들 양자가 포함되지만 화이트칼라 직업만이 포함되며, 다른 계급들보다 좀더 위신이 있다고 생각된다. 중간적 계급들은 두 측면이 혼합되어 있는데, 거기에는 유산자와 무산자 계급 양자에 더해서 블루칼라와 화이트칼라 직업들이 포함된다. 노동계급은 단지 무산 육체노동자만을 포함한다는 점에서 유일한 '순수'계급이다. 따라서 서비스계급과 중간적 계급은 관계적 요소와 등급적 요소 양자를 다 포함한다.

이 계급도식은 (전형적으로 Britain으로 불리우는)잉글랜드와 웨일스에서 남성들의 사회이동 연구를 위해 골드소르프와 그의 연구 동료들에 의해 사용되었다.

<그림 2-5> 골드소르프의 계급도식(수정판)

---

1. 계급 I 과II : 모든 전문가; (대소유주를 포함한) 관리자와 경영자; 높은 등급의 기술자와 비육체노동자의 감독자.
2. 계급III: 행정과 상업 부문의 관례적 비육체 피고용인; 판매직 종사자 기타 일반 서비스노동자.
3. 계급IVab: 소소유주; 자영 기술공 및 기타 피고용인을 거느리거나 거느리지 않는 '자영'노동자(1차산업 생산부문 제외)a.
4. 계급IVc: 농민과 소자작농; 기타 1차산업 생산부문의 자영노동자.
5. 계급V 와VI: 낮은 등급의 기술자; 육체노동자의 감독자; 숙련육체노동자.
6. 계급VIIa: 반숙련노동자와 숙련노동자(1차산업 생산부문 제외).
7. 계급VIIb: 농업노동자와 기타 1차산업 생산부문의 노동자b.

주: (a)가능한 곳에서는 피고용인을 거느린 경우와 거느리지 않는 경우를 각각IVa 와 IVb로 구분하였다.
   (b)'계급들을 로마 숫자와 문자의 조합으로 이름 붙인 것'은 골드소르프 방식이
   다(Erikson and Goldthorpe, 1992: 37).
   계급 I · II = 서비스계급(즉, 1)
   계급 III · IVab IVc = 중간적 계급(즉, 2·3·4)
   계급 V · VI · VIIa· VIIb = 노동계급(즉, 5·6·7)
출처: Goldthorpe, 1987: p.305.

이는 국가간 (남성)이동연구의 목적으로 수정되었지만, 여전히 7개의 계급도식인체로 남아 있다(Erikson, Goldthorpe and Portocarero, 1979). 그 주된 변동은 두 서비스계급, 즉 원래의 도식에서의 계급 I 과II 그리고 "국가간에 일관된 방식으로 나누는 데 있어서의 난점"에 기인하는 계급V 와 VI의 혼합을 포함한다(Goldthorpe, 1987: 304). 이것은 또한 "계급IV와 VII 내에서 그들의 농업부문을 분리하는 것이,

즉 계급IVc의 농민계급과 계급VIIb의 농업노동자계급을 구별하는 것
이 가능하며, 또 비교목적을 위해 매우 바람직한 것"으로 간주되었
다(Goldthorpe, 1987: 305).

가장 혼란스런 수정은 틀림없이 계급V와 VI를 확대된 '노동계
급'에 혼합한 것인데, 왜냐하면 원래의 도식에서는 낮은 등급의 기
술자와 육체노동자의 감독자를 포함하는 전자의 계급이 '서비스계급
과 노동계급 사이'의 구조적 위치로 인해 '중간적'이라고 묘사되어
졌기 때문이다(Goldthorpe, 1987: 42). 노동계급 범주에 더하여 '블루칼
라 계급'이라는 용어를 사용하는 것은 비록 시초에 이 '블루칼라 엘
리트'가 주변계급이라고 논의한 것 이외에 아무런 논의도 이어지지
않았지만, 이러한 문제를 인식하고 있음을 가리키는 것 같다
(Goldthorpe, 1987: 42, 309).

골드소르프의 계급접근에 대한 가장 최근의 충분한 설명에서는
낮은 등급의 기술자 및 육체노동자의 감독자의 '문제적인' 성격이
되풀이되고 있으나 해결되지 않았다(Erikson and Goldthorpe, 1922: 44).
한편으로는 그들의 권위와 간부지위를 인정하여 중간적 계급의 부
분으로 간주되고, 다른 한편으로는 상대적으로 제한된 상승전망과
그들 일의 어느 정도의 육체적 성격 때문에 노동계급의 '숙련노동
자' 요소의 부분으로 간주되기도 한다.

적어도 골드소르프의 낮은 등급의 기술자와 육체노동자의 감독자
계급은 동질적이 아니며, 그래서 그의 계급도식의 세 계급 판형에서
중요한 육체/비육체 구별의 유용성에 대한 의문이 제기된다(Ahrne,
1990; Penn, 1981). 이 점은 다음 절에서 초점이 될 골드소르프의 계
급접근에 대한 비판과 관련된다.

5. 골드소르프에 대한 비판

골드소르프의 초기 계급분석은 비육체중간계급과 육체노동계급 사이의 구분으로 조직된 직업척도를 이용하였다. 이러한 '계급' 구조에 대한 접근은 상당한 비판적 관심의 주제가 됐는데, 이에 대해서는 다음 절에서 언급될 것이다. 이 비판은 위에서 개괄한 7개 계급의 두 판형에 초점이 맞추어졌는데, 두 판형은 신베버주의 원칙 위에 구축된 것이고, 다음 장에서 논의되는 몇몇 내용에 선행한다. 그러므로 비록 원판과 수정판이 서로 다른 연구 목적들, 즉 국내(영국)와 국가간(영국, 프랑스, 스웨덴) 이동연구를 다루기 위해 개발된 것이지만, 그들 판형은 체계적으로 연결되어 있고 그래서 비교할 수 있다.

선진 자본주의사회의 계급구조를 개념화하려는 골드소르프의 노력에 대한 첫번째 비판은 하나의 계급도식 안에서 그리고 계급묶음들 안에서 관계적 차원과 등급적 차원을 사용하는 데 관련된다.

오소스키(Ossowski, 1969)에 따르면, 관계적 계급정의는 전형적으로 둘 사이의 관계가 한편의 희생으로 다른 한편이 이익을 얻는 그러한 정반대의 두 계급으로 특징지어지는 본질적으로 양분된 계급구조에 관련된다. 대조적으로, 등급적 계급정의는 전형적으로 그 각각이 한 가지 이상의 차원에서 다른 것들보다 높거나 낮다고 간주되는 많은 분파에 의해 특징 지워지는 최소한 삼분적 구조에 관련된다. 마르크스의 착취계급 관계이론은 전자의 친숙하고 훌륭한 예인 반면, 기술이나 위신의 위계제에 근거한 직업계급/지위 모형은 후자의 예이다(다음 절 참조). 라이트의 수정도식 즉 계급지도Ⅱ와 같이 계급에 대한 골드소르프의 접근은, 비록 이것이 등급적 요인을 관계적 요인보다 우선시하는 경향이 있고, 대부분이 위계제의 언어로 묘사되어져 있지만, 같은 모형 안에 양자의 요소를 담고 있는 것으로 보인다(Ahrne, 1990).

두번째이며 관련된 문제는 골드소르프의 서비스계급이란 용어사용에 관련된다. 이 용어는 1950년대 신마르크스주의 사회학자 레너(Renner, 1978)에 의해 소개되었고, 사적 혹은 공적 자본을 다루는 계급구조의 중간에 위치하는 사람들을 언급하기 위해 신베버주의 사회학자 다렌도르프(Dahrendorf, 1964)에 의해서 개발되었다. 애버크롬비(Abercrombie)와 어리(Urry)는 골드소르프의 서비스계급에 대한 생각이 초기 형식과 매우 다르다고 지적하였다. 즉,

> 첫째로, 이것은 자본가를 위해 혹은 관료제 내에서 서비스를 수행함으로써 결속된 계급이라기보다 직업들의 집합이다. 둘째로, 이것은 중간적 계급이 아니라 오히려 위계제의 최상층이다(1983: 32).

이렇게 골드소르프는 자본가계급을 희생하여 서비스계급의 중요성을 효과적으로 강화하였다. 서비스계급 노동자와 대소유자의 합병은 이 두 계급이 수입과 권력 같은 어떤 측면에서 동등하다는 것을 함축하며, 그에 의해 양자의 구별이 훼손되고 있다(Penn, 1981; Savage et al., 1992). 사적 및 공적 관료제의 정점에 있는 전문직 및 관리직 노동자를 자본의 소유자와 구별할 수 없다는 주장은 "개인적인 통제 형식에서 나타나는 쇠퇴가 반드시 자본가계급 자체의 쇠퇴를 의미하지는 않는다"(Scott, 1991: 65; Bottomore and Brym, 1989 참조)라는 근거에서 도전받을 수 있다. 스콧(Scott)이 지적했듯이 서비스계급은 자본에 '봉사'하며, 그렇기 때문에 자본가이다.

위의 두 관점들에 이어 세번째로, 관례적 화이트칼라 피고용인과 소소유자를 '중간적'이라고 이름 붙여진 넓은 계급범위에 넣는 것은 모순적이고 혼란스럽다(Penn, 1981). 그 주된 이유는 많은 공적 영역 관료제 피고용인에 비하여 어떤 소소유주들은 매우 불확실한 계급 상황에 있다는 것이다. 다른 한편으로 많은 사적 영역 관료제 피고

용인들과 비교하여, 어떤 소소유주들은 매우 유리한 계급상황에 있을지 모른다는 것이다. 마지막으로, 자본주의적 가치가 지배하는 사회에서 다른 것은 다 동등한데 기업가를 피고용인보다 위에 자리매김하는 것은 논쟁거리가 될 것으로 보인다.

네번째로, 계급에 대한 골드소르프의 접근은 계급 접근에서 가구단위의 남성가장을 특히 고려하고, 특히 그의 초기 이동연구에서는 적용범위의 정도에서 남성에 집중한 경향이 있었던 것으로 인해, 광범위한 '여성해방론 비판'의 대상이 되어왔다(Abbott and Wallace, 1990).

좀더 구체적으로, 관례적인 비육체적 직업의 여성들의 노동과 시장상황에는 중요한 차이점들이 있기 때문에 "골드소르프의 계급은 여성 직업의 사용을 위해 수정될 필요가 있다"고 지적되어왔다(Heath and Britten, 1984: 489). 사실상 골드소르프는 계급III을 IIIa와 IIIb 두 계급으로 나누고 "도식이 여성의 계급할당에 좀더 적합한 틀을 만들기 위해" 계급IIIb를 (노동)계급VII과 결합함으로써 이 점을 인정하였다(Goldthorpe, 1987: 279). 그러나 어떤 이들은 이 수정이 여성의 계급상황의 특징을 충분히 고려에 넣고 있지 못한다고 보고, 따라서 대안적 계급도식을 고안하였다(Murgatroyd, 1982; Dale et al., 1985; Abbott and Sapsford, 1987).

마지막으로 골드소르프의 계급도식에 대한 가장 최근의 설명에서는 이것이 베버와 마르크스의 고전적 공헌에서 파생되었다고 주장한다. 고용관계가 계급의 중심이라는 마르크스적 및 베버적 가정에서 출발하여 고용주, 자영노동자, 피고용인이라는 '계급위치의 기본적 3개 분파'가 개괄 언급되었고, 이것이 5개, 7개, 11개 판형의 계급도식들로 발전된 것이다(Erikson and Goldthorpe, 1992: 37). 확장된 판형에서는 피고용인 계급의 증가되는 이질성을 인식하지 못했다는, 지목된 마르크스주의의 실책을 서비스의 서로 다른 범주들간에 그

리고 중간적 노동자와 비육체노동자 간에 구별을 둠으로써 피하게
되었다. 동질성의 문제가 특히 서비스계급에서 남아 있긴 하지만.

6. 직업계급(지위)에 관한 노트

영국과 미국에서의 사회학적 조사에 널리 사용되는 또 하나의 계
급접근 방식이 있는데, 그것은 직업지위의 면에서 계급을 정의하는
것이다. 이들 도식에서 사용되는 직업지위 범주들을 계급으로 지칭
하는 경향은 매우 혼란스러울 가능성이 있고, 계급과 지위 사이의
관계를 둘러싸고 있는 복잡성과 불확실성을 적지 않게 드러내고 있
다(예: Abercrombie and Urry, 1983; Duke and Edgell, 1987; Giddens, 1979:
Lockwood, 1958). 이는 역시 마르크스와 불가피하게 연결되어 있는
논쟁적이고 고도로 정치적인 계급이라는 용어를 사용하는 데 대한
거부를, 그리고 소비와 생활방식의 양식을 바꿈으로써 보다 쉽게 이
룩할 수 있다고 생각되는 지위라는 베버적 생각에 대한 선호를 암시
하는 것일지도 모른다. 명확성을 위해 이 연구에서는 사회계급이라
는 용어를 라이트가 그의 초기 연구들(즉, 1976과 1979)에서 주장한
것과 같이 사회 생산관계(즉, 고용관계)를 언급하기 위해 사용하게 될
것이다. 직업계급이라는 용어는 영국과 미국 인구조사통계학자들에
의해 개발된 위신이나 기술 같은 직업의 특질들에 기초한 도식을 위
해 그대로 남겨두려 한다(Conk, 1978; Hodge et al., 1967; Leete and Fox,
1977; Reid, 1989). 이것은 정부에 의한 분류이기 때문에 종종 공식적
계급도식이라고 불린다(Nichols, 1979; Marshall, 1988).

'계급'에 대한 이러한 접근의 좋은 예는 금세기 호적등기소에 의
해 영국에서 개발된 직업지위 척도다. 1911년 인구조사부터 호적등

기소는 직업들을 지역사회 내에서의 평판에 따라 분류하고, 그것들을 '사회계급'으로 알려진 5개의 넓은 범주에 할당하였다. 1971년 인구조사까지 목록화된 주요 '계급들'을 보면 다음 그림 <2-6>과 같다.

<그림 2-6> 호적등기소 '사회계급들'

```
1. 전문 직업
2. 중간적 직업
3. 숙련 직업
4. 부분 숙련 직업
5. 비숙련 직업
```

출처: Leete and Fox, 1977: p.2.

계급1과 2에 있는 직업들은 통상적으로 비육체적인 것으로 간주되고, 계급4와 5에 있는 직업들은 육체적인 것으로 간주되며, 그 규모와 복합적 성격으로 인해 계급3은 종종 사회조사자에 의해 3N(비육체적: non-manual)과 3M(육체적: manual)으로 분리된다. 이 관례는 1970년 직업분류에서 표준절차로 채택되었다(Leete and Fox, 1977). 그래서 이 도식은 본질적으로 직업적 지위 위계제인데, 이는 사회 내에서의 주된 사회 구분이 육체적 노동과 비육체적 노동에 참여하는 사람들 사이에 존재한다는 의미를 함축하고 있다.

1980년에 호적등기소가 '사회계급'을 직업적 위신보다는 직업적 기술로 재정의하였을 때 50년 이상의 이 전통은 폐기되었다(OPCS: Office of Population Consensus and Surveys, 1980). 그러나 비교가능성이 보존될 것이라는 기대 속에 계급들이 여전히 남아 있다는 점에서, 이 변동은 실제적이라기보다 피상적이다(Boston, 1980; Brewer, 1986). 그래서 1970년과 1980년의 공식적 계급도식이 개념적으로는 대조적이지만, "사회적, 교육적 및 건강 변수들의 다양성을 가진 경험적

관계에 있어서는 어떠한 중요한 차이도 보이지 않는다"(Brewer, 1986:
131). 영국에서 호적등기소의 계급에 대한 직업적 접근방식은 공식
통계를 지배하고 있으며, 최근까지의 경험조사도 역시 지배하였다
(Nichols, 1979; Duke and Edgell, 1987).

직업적 지위척도 배후의 주 가정은 직업이 사람의 사회적 입지에
대한 최선의 단일 지표라는 것이다(Szreter, 1984). 드러디(Drudy, 1991)
는 이러한 유형의 공식적인 직업계급도식을 지속적으로 사용하기
위해 본질적으로 실용적인 사례를 다음과 같이 요약하였다.

> 1. 그것은 상태(state)도식이기 때문에, 조사자로 하여금 그들의 발견사실
> 을 공식적 수치와 비교할 수 있도록 한다는 것;
> 2. 그것은 자세한 정보가 아닌 단순한 직업묘사를 필요로 할 뿐이라는 점
> 에서 사용하기 쉽고, 설명이 어렵지 않다는 것;
> 3. 그것은 오랜 기간 동안 사용되어져왔고, 실제로 경험적 사회조사자와
> 정책입안자들에 의해 여전히 광범위하게 사용되어지기 때문에, 모든 종류
> 의 비교연구에 적합하다는 것.

그러나 이 장에서 논의되는 다른 두 가지 도식들과 달리 이 도식
은 마르크스나 베버의 이론에 의해 이론적으로 알려진 것이 아니기
때문에 점증하는 비판의 공세를 받고 있다. 그 지적 근원이 이론적
이라기보다는 경험적이긴 하지만(Szreter, 1984) 위 척도로 개념화될
수 있는 직업의 위계제가 존재한다는 생각에서 이루어진 공유된 가
치에 대한 가정은, 이 도식이 사회계층에 대한 기능주의 이론적 접
근 내에 위치 할 수 있음을 의미한다(Tumin, 1970; Drudy, 1991). 모든
사회에서 같은 직업들은 같은 위신을 갖는다고 가정할지라도, 숙련
화·탈숙련화·여성화 등과 같은 과정의 결과로 많은 직업들이 시간
이 지나면서 격하되거나 격상된다(Davies, 1980; Dex, 1985). 더욱이 공

식적인 직업계급들이 "지위와 관련된 본질적으로 기술적 범주들"이라는 시사는 그러한 계급도식이 지배이데올로기의 주요소들과 "조화를 이룬다"는 것을 의미한다(Nichols, 1979: 165). 이 측면에서 주목할 만한 것은 근대 자본주의가 확인할 만한 자본가계급 없이 개인적으로 성취되는 직업이동에 의해 특징지어지는 단일 유형의 사회라는 생각이다(Drudy, 1991). 따라서 공식적 계급도식과 그와 관련된 경영 중심적 이데올로기는 자본가의 존재와 그들이 갖는 특권의 본질적 속성을 부인하는 경향이 있다. 그러므로 그러한 도식은 계급과 관련된 소득 불평등을 묘사할 수는 있지만, 자본의 소유에서 비롯되는 더 큰 불평등을 설명하지는 못한다.

그것은 또한 불명확하고 일반적인 범주들을 부호화하는 데서 비롯되는 문제들로 인해 신뢰할 수 없는 것으로 보여져왔다(Leete and Fox, 1977). 잘못된 분류는 숙련된 육체적 직업과 비육체적 직업 사이의 구분을 필요로 하는 위계제의 중간부분에서 특히 심각하다(Bland, 1979). 더욱이 직업들을 '사회계급'에 할당하는 방식은 소수 노동자들의 경영자가 대조직의 경영자와 같은 계급으로 취급되는 것과 같은 많은 변칙들을 유발한다(Drudy, 1991).

이들 이론적·경험적 비판 외에도 금세기 동안 영국에서 쓰인 공식적인 직업계급도식의 역사에 대해 고찰해보면 그것은 '진부하고' '극단적으로 단순한' 한 마디로 '의사·분석적' 개념화라는 결론에 도달한다(Szreter, 1984). 도식의 직업적 기초가 최근 위신에서 기술 수준으로 변한 것은 이러한 관점을 바꾸는 데 별 도움이 되지 않았고, 그래서 그것은 '임의적이고 조악하지만 잘 쓰이는 사회 불평등의 측정'으로 남게 되었다(Brewer, 1986: 139).

7. 요약과 결론

마르크스주의자와 베버주의자의 계급개념화 사이에는 항상 중첩이 있어왔다. 이것은 계급분석에 있어서 재산의 중심성과 지위상황에 비하여 계급상황의 보다 큰 중요성을 고려하는 베버에 의해 인정되었다. 이는 "계급 요인이 무엇보다 중요하다"는 록우드의 결론에 의해 또한 확인되었다(1958: 212). 더욱이 골드소르프와 록우드는 "베버의 계급상황이라는 아이디어는 마르크스의 그것과 매우 유사하다"고 오랫동안 주장해왔다(1963: 157). 무재산에 기초하는 계급을 도입함으로써 계급에 대한 마르크스의 접근방식을 증보하려는 최근 라이트의 시도와, 노동상황과 시장상황 사이의 구별을 기초로 하는 베버의 계급접근방식에 대한 골드소르프의 세련화는 분명히 그들 사이의 수렴을 증가시켰다. 좀더 구체적으로 말하여, 라이트와 골드소르프는 둘 다, 계급의 이점이 재산의 소유와 지식/기술의 소유 그리고 육체노동력의 소유로부터 유래한다는 것과, 그 결과로 그들 각각의 계급지도를 꾸며주는 계급상황과 계급묶음이 점차 서로 닮아간다는 점을 인식한다. 그래서 "무엇이 사회계급을 구성하는가에 대한 그리고 현 계급배치의 일반적 현상에 대한 새로운 합의"가 존재한다(Waters, 1991: 163).

그러나 에릭슨(Erikson)과 골드소르프(1992: 37)가 표현하는 바와 같이 마르크스주의자와 베버주의자의 계급개념이 일치하지 않는다는 지금까지의 관례적 견해에서 오는 의견차이는 최소한 상호관련된 세 측면에 국한시킬 필요가 있다.

첫째로, 최근의 신마르크스주의와 신베버주의의 계급접근방식이 고용과 직업적 차원을 담고 있긴 하지만, 전자는 본질적으로 관계적인 반면 후자는 본질적으로 등급적이다. 둘째로, 신마르크스주의자들은 특색있는 자본가계급이 존재한다는 생각을 유지하지만, 신베버주의자들은 이 작지만 막강한 계급의 존재를 모호하게 한다. 마지막으로 라이트의 신마르크스주의 도식에서 근대 사회의 계급구조의 주된 단층선이 고용주와 피고용인 사이에 있는 반면, 골드소르프의 신베버주의 도식의 3중판형에서는 주된 구분이 비육체노동자와 육체노동자 사이에 있다. 요컨대, 신마르크스주의 계급개념의 주된 이점은 그들이 비자본가와 자본가를 구별했다는 것이고, 대조적으로 신베버주의 개념의 주된 이점은 그들이 다양한 비자본가계급들 사이에 구분을 지었다는 것이다.

거꾸로 말해, 이들 각각의 계급접근방식의 주된 한계는 확인된 계급들이 어느 정도 동질적인가의 문제와 관계된다. 그러므로 라이트의 도식에 있어서 그의 프롤레타리아트라는 개념화는 그 이동기회와 자기배치, 계급 및 투표행위가 명백히 육체노동계급과 구별되는 일상 화이트칼라노동자들을 포함하고 있음을 보여주었다(Marshall, 1988; Marshall et al., 1988). 마찬가지로 골드소르프의 서비스계급에 대한 정의는 비육체계급들의 다양성뿐만 아니라 고용주와 피고용인과 같은 광범위한 범위의 계급상황을 포함한다고 주장되어왔다(Savage et al., 1992).

직업계급도식들은 다른 한편으로 명백하게 위계적이며 자본가계급의 존재를 완전히 부인한다. 직업들이 모든 계급지도의 기본 성분이라는 점에서 직업의 역동적 속성이 그것 모두를 어지럽히는 것이지만 계급의 국가간 비교(ILO, 1968) 및 역사적 비교(Hakim, 1980)의 경우, 그리고 배타적으로 직업에 기초한 모형(Duke and Edgell, 1987)의 경우에 심각하다.

계급의 이론적 의미는 이 중요하지만 아직까지 치열히 경쟁적인 사회학적 개념을 조작화하는 과정의 첫 단계이다.

제3장 계급의 측정

1. 서론

첫 두 장에서 논의된 계급의 의미에 대한 고전적·현대적 접근방식을 이론적 아이디어에서 측정가능한 형식으로 전환하는 과정을 조작화라 한다. '과학적 사회학'을 발전시키는 것이 바람직하며 가능하다는 가정에서, 개념의 조작화 과정은 신뢰성있고(즉, 같은 조건하에서 반복된 측정이 같은 결과를 낳는 정도) 타당한(즉, 측정이 조사자가 조사하고자 하는 현상을 정확히 대표하는가의 정도) 경험자료의 취득에 중요하다. 그러므로 조작적 정의는 사회학적 분석에 명확성과 정확성을 부여하며 그래서 경험사회학의 핵심이다(Pawson, 1989 비교). 계급은 가장 논쟁적인 것이라는 점 외에도 사회학에서 가장 중요하고 널리 사용되는 동시에 남용되는 개념이기 때문에, 그 용어가 의미하는 바가 무엇인가 뿐만 아니라 어떻게 측정하려 하는가도 처음에 명확히 하는 것이 직업계급에도 필요하다. 최근까지 이론적이고 실질적인 공헌의 과잉과는 대조적으로 계급분석의 이러한 측면은 거의 주목을 받지 못했다. 중점의 변동은 신마르크스주의의 추상적 이론화로부터 경험적 분석으로의 방향전환과(Wright, 1979), 새롭게 출현한 '남성주류' 사회학에 대한 여성해방론자의 비판에 의해 자극되었다.

2. 전통적인 계급분석틀에 대한 비판

현대 영국 사회학에서 계급이 어떻게 조작화되는지에 대한 최근의 개관에서 보면, 대다수의 연구들이 직업적 용어로 계급을 정의하고 전임으로 경제활동을 하는 사람들에 집중되었고, 가족이 계급분석의 기본단위이며 그 계급위치는 가구의 남성 '가장'의 직업에 의해 결정된다고 가정했다는 것을 발견하게 된다(Duke and Edgell, 1987; Edgell and Duke, 1991). 계급측정에 대한 이러한 접근은 전통적인 계급분석틀이라 불린다.

다음 4개 노선의 중첩되는 비판들이 이 틀에 겨냥될 수 있다. 이것은 (1) 경험적 (2) 여성해방론적 (3) 부문적 (4) 신마르크스주의적 비판이다.

(1) 전통적인 계급분석틀에 대한 주된 경험적 이의는 그것이 대표성 없는 표본에 근거한 계급을 논의한다는 것이다. 이것은 최악의 경우 영국과 같은 사회에서 거의 2/3의 성인 인구를 배제하고, 경제활동 남성에게만 초점을 맞추기 때문이다(Duke and Edgell, 1987). 이러한 접근에 의해서 여성, 정년퇴직자, 학생, 실업자, 불완전 취업자를 포함하는 주된 사회범주들이 배제된다. 이러한 집단들이 상호배타적이지는 않다 하더라도— 예를 들어 대부분의 시간제노동자들은 여성이다— 그수가 증가하는 여성 노동자, 임시직 노동자, 퇴직 노동자, 실직 노동자, 학생들로 특징지어지는 사회에서 전통적인 계급분석틀에 의해 형성된 조사에 기초한 일반화의 타당성은 무엇보다 더 의심스럽다.

(2) 전통적인 계급분석틀에 대한 여성해방론자의 비판은 어떻게 계급을 조작화할 것인가에 대한 사회학적 논쟁의 최전선에 있었다.

결과적으로 계급측정의 성(gender) 차원에 대한 저술은 지난 30여 년 동안의 다양한 학술잡지(예: Watson and Barth, 1964; Acker, 1973; Heath and Britten, 1984; Wright, 1989), 논문집(예: Gamarnikow et al., 1983; Crompton and Mann, 1986), 모노그래프(예: Abbott and Sapsford, 1987; Edgell and Duke, 1991), 전문 교과서(예: Dex, 1985; Roberts, 1981), 일반 교과서(예: Abbott and Wallace, 1990)상에서 광범위하고도 분명하다. 여성해방론자 비판의 주공격은 선험성을 기초로 해서 계급분석으로부터 여성을 제외하는 것은 성차별임과 동시에 비사회학적이라는 것이다. 여성을 간과하는 것은 인구의 절반에 해당하는 부분을 계급분석에 넣는 것이 충분한 중요성을 갖지 못한다는 것을 암시한다는 점에서 성차별이다. 계급에 대한 특정 연구에서 그들의 관련성을 확인하기에 앞서서 여성을 제외함으로써, 완전히 부당한 가정으로 판명될 것에 근거하는 연구를 수반한다는 점에서 그만큼 그것은 비사회학적이다. 집 밖에서 일하는 기혼 여성수의 증가 경향과 편부/모가족의 증가와 같은 사회적 경향은, 전임 경제활동 남성 및/혹은 가구의 남성 '가장'에 집중하는 것으로 알려진 전통적인 계급분석틀에 대한 여성해방론자의 비판 세력이 역사적 배경상의 힘을 또한 얻게 되었음을 암시해준다. 이것은 부인이 남편보다 더 우위의 직업계급에 속해 있는 교차계급가족들의 경우에 특히 적용된다(Mcrae, 1986).

(3) 전통적인 계급분석틀에 대한 부문적 비판은 공적 및 사적부문 노동자들로 고용인구를 구분하는 것이 어느 한 계급도식에 어느 정도 적절히 짜여질 수 있는가에 관련된다. 20세기 동안 미국, 영국 및 유럽대륙에서의 국가부문성장의 관점에서 보면(O'Connor, 1973)

계급분석에서 이러한 사회 구분을 간과하지 않는 것은 중요하다. 사실 지난 10여 년 이상 영국에서 고도로 노동조합화된 공적 피고용인들과 낮게 노동조합화된 사적 피고용인들 사이의 구분은, 공적 영역이 줄어들고 사적 영역이 팽창함으로써 정치적으로 더욱 중요해졌다고 생각된다(Dunleavy, 1980; Dunleavy and Husbands, 1985; Edgell and Duke, 1983, 1991). 결과적으로 생산부문 분석과 모순이 없는 계급도식의 채택을 위한 강력한 사례가 있다. 사회계급도식, 직업계급도식 및 혼합계급도식 사이의 기본적 선택이란 점에서 보면 첫번째 유형의 계급도식이 생산부문 범주들에 가장 적합하다. 이것은 사회계급도식에서는 크고 작은 고용주들은 자동적으로 자영으로 분류되고 피고용인 범주들만이 공적·사적 부문으로 나누어지기 때문이다. 계급과 생산부문의 결과를 같은 모형 안에 조화시키는 능력은 계급분석에 있어서의 이점인 것으로 보여져왔다(Edgell and Duke, 1986). 더욱이 육체/비육체의 구분이 계급분석에서 유지되어야 한다(Marshall, 1988)는 제안은 일관되지 못한 설명(Erikson and Goldthorpe, 1992)에도 불구하고, 이러한 방식으로 피고용인들을 나눔에 의하여 주목받을 수 있다(Dunleavy and Husbands, 1985).

(4) 신마르크스주의 비판은 골드소르프 저술과의 관련 속에서 위에서 논의되었으므로(제2장 참조) 전통적인 계급분석틀과 관련한 간단한 개괄과 설명으로 충분할 것이다. 계급측정을 위한 이러한 접근 방식이 사회계급보다 오히려 직업계급을 포함하는 한, 등급적 계급도식이 가장 강력하고 뚜렷한 자본가(예: 고용주)계급을 모호하게 한다는 신마르크스주의의 주장은 순수 직업계급측정이 이 중요한 계급을 보이지 않게 한다는 주장으로 확대될 수 있다.

다시 말해서 그것은 단순히 계급의 재산적 기반과 비재산(예: 조직/

기술 자산)적 기반을 융합하는 문제일 뿐 아니라 골드소르프의 것과
같은 혼합도식의 경우처럼, 생산수단 소유의 차원을 다 같이 무시하
는 계급도식을 구축하는 문제인 것이다. 전통적으로 말하여, 전통적
인 계급분석틀에 내재해 있는 육체/비육체 이분법은 그것이 자본주
의사회에서 명확히 가장 의미심장한 사회적 균열, 즉 자본의 소유자
와 비소유자 사이의 이익의 갈등을 반영하지 못했다는 점 때문에 흠
집이 난 것이다. 무엇보다도 시장체계의 변동에 영향받기 쉬운 사람
은 육체노동자뿐만이 아니다. 또 다른 신마르크스주의 비판은 비숙
련화 및 숙련화의 이중과정에 관련된 직업적 구조상의 변동에 대한,
직업에 기초한 계급측정의 민감성에 관련된다(Duke and Edgell, 1987).
그러한 변동들은 이러한 사회적 과정에 의해 영향받는 모든 직업들
의 상대적 위치를 재검토하는 것을 불가피하게 하고, 이어서 역사적
으로 일반화하려는 어떠한 시도들도 복잡하게 한다. 요컨대, 전통적
인 계급분석단위에 대한 처음 두 개의 비판노선−경험적 및 여성해
방론적−은 계급도식의 적용대상 문제에 초점을 맞추는 반면, 세번
째와 네번째 비판−부문적 및 신마르크스주의적−은 계급의 이론적
/개념적 기초에 관련된다. 이러한 비판들은 신마르크스주의와 신베
버주의의 계급 연구 양쪽에 다소간에 어느 정도 모두 적용된다. 예
를 들어 라이트는 미국과 스웨덴의 계급구조에 대한 그의 책에서 아
무 설명 없이 그는 "오직 일하는 노동력만을 분석할 것"이라고 시인
하였다(1985: 160). 한편 골드소르프는 그의 관점에 대한 광범위하지
만 종종 방향이 어긋난 공격에 직면해서 계급이동의 연구에서 단호
하게 다음과 같이 그의 주장을 옹호하였다.

　　가족의 계급위치는−노동시장에 가장 완전하게 참여하는 가족성원이라
　는 점에서−그 남성 '가장'의 계급위치로부터 비롯되는 단일한 것이다
　(Goldthorpe 1984: 492).

3. 계급조작화: 세 가지 주요 선택들

전통적인 계급분석틀에 대한 불만은 계급에 대한 추상적인 생각을 측정가능한 개념으로 변형시키기 위한 관점을 낳기에 이르렀고 사회조사자들은 세 가지 상호관련된 선택이 필요하게 되었다(Deke and Edgell, 1987; Edgell and Duke, 1991). 첫번째 선택은 제1장 및 제2장에서 이미 논의되었지만, 어떤 개념적 도식 예컨대, 사회계급도식, 직업계급도식, 혼합계급도식 중 어떤 것을 사용할 것인가, 그리고 함축적으로는 신마르크스주의, 신베버주의 중 어떤 계급이론을 혹은 둘 다 끌어들일 것인가를 포함한다. 두번째와 세번째 선택은 선택된 계급범주들이 누구에게 적용되어질 것인가에 관련된다. 이것은 다음 두 개의 구별되지만 연결된 결정들을 포함한다. 첫째로, 계급분석의 단위가 응답자/개인이어야 하는가, 아니면 가족/가구이어야 하는가? 둘째로, 모집단의 포괄 범위 수준이 모든 성인응답자/가구구성원이어야 하는가, 아니면 단지 경제활동 응답자/가구구성원이어야 하는가?

이들 세 가지 선택은 사회학자들로부터 동등하게 주목을 받지 못했다. 개념적·성(gender)적 쟁점들이 최근 저술을 지배하는 경향이 있고, 포괄 범위의 정도는 거의 논의된 바 없으며, 세 가지 선택들이 다 함께 고려된 경우는 드물다.

1) 선택 1: 개념적 도식

어떤 개념적 도식을 적용할 것인가의 선택은 위에서 논의되었기 때문에, 이 요약의 목적은 이론적이고 경험적인 주요 대안들과 그것들이 암시하는 바를 개괄하는 것이다.

계급의 의미에 대한 위에서의 논의에 비추어, 개념적 도식의 결정은 세 가지 기본 대안으로 줄일 수 있다. 즉, ① 직업계급 ② 사회계급 ③ 직업 및 사회계급 이다.

호적등기소의 것과 같은 직업계급도식은 기술적 생산관계를 중심으로 하여 배타적으로 조직된다. 따라서 그것들은 노동사회학에서는 블루/화이트칼라로, 사회계층사회학에서는 노동/중간계급으로 종종 일컬어지는 육체/비육체 경계를 우선시한다. 전형적으로 순수 직업계급도식은 각 주요 범주 내에서 다양한 기술 및/혹은 지위수준에 따라 세분된다.

영국에서의 공식적 통계와 경험적 사회조사를 지배하고 있다는 점 외에도 직업계급도식은 또한 일상의 담론을 지배하는 경향이 있는데 일상의 담론에서 가장 빈번히 언급되는 두 개의 범주는 '중간' 및 '노동' 계급이다(Coxon et al., 1986). 앞의 장으로부터 반복요약하면, 직업계급도식은 계급구조의 등급적이며, 그래서 합의적이고 단편적이며 개방적인 속성을 강조하는 경향이 있다.

직업계급도식의 주된 한계는, 이것이 재산소유의 중심성과 직업구조상의 변동에 대한 민감성 그리고 이것이 성에 의해 오염된다는 주장을 인식하지 못하기 때문에, 육체/비육체 이분법의 특징적인 점에 주로 관련된다(Duke and Edgell, 1987). 긍정적 측면에서 보면, 좀더 이론적으로 알려져 있고 조심스럽게 구성된 대안의 이용가능성이 있다면 이것은 취약한 논리이긴 하지만, 직업계급도식들은 예측적인 면에서 유용하다는 주장이다(Marshall et al., 1988). 그러나 그것들은 널리 통용되며 특히 많은 소규모 조사계획에서 중요한 고려사항이 될 수 있는 반복과 비교를 용이하게 한다.

라이트의 초기 판과 같은 사회계급도식들은 사회적 생산관계만을 고려하여 조직된다. 그것들은 그래서 소유/비소유 구분을 강조하고, 일반적으로 대·소고용주와 경영·비경영·피고용인으로 세분된다. 이

미 언급했듯이 이러한 도식들은 등급적이기보다 관계적이며, 결국 계급구조의 갈등적·양극적·폐쇄적 특성을 강조하는 경향이 있다.

그의 첫번째 계급지도에 대한 라이트 자신의 비판과, 그의 계급 범주들 중 몇몇의 동질성의 결핍에 관련하여 가해지는 그 계급지도에 대한 신베버주의자의 비판(제2장 참조) 외에도, 라이트의 원래 도식에 대한 좀더 일반적인 이론적 반대는, 모든 신마르크스주의 구조주의자의 계급에 대한 설명과 같이, 그것이 "정태적·기계적·조악하게 결정론적이며 … 인간의 능동성을 결여한다"(Marshall et al., 1988: 24)는 것이다. 또한 그러한 도식들은 자본가계급의 규모를 확대시킨다고 주장되어왔다(Marsh, 1986). 더욱이 대규모 소유주는 경영에 참여하는 경향이 있고 경영자는 대개 소유권을 공유하기 때문에, 이 두 계급 범주들은 융합되어야 한다는 논의가 가능하다(Erikson and Goldthorpe, 1992). 동시에 "라이트의 접근방식의 효용성에 심각한 의문을 던지게 되는 것은 그의 경험적 발견상의 모순이다"라고 주장되었다(Marshall et al., 1988: 265). 다시 말해서, 실제로 라이트의 첫번째 도식은 골드소르프의 신베버주의 대안보다 잘 작동하지 않는다. 하지만 라이트의 첫번째 도식은 직업적 요소를 배제했다는 점에서 더 철저히 마르크스주의적이며(Marshall, 1988), 이것이 미국과(Wright, 1979) 영국에서(Edgell and Duke, 1991) 성공적으로 사용되어졌다는 점이 지적되었다.

라이트 자신의 첫번째 계급지도에 대한 수정은 이를 신베버주의적 방향으로 이동시켰다고 위에서 언급한 바 있다(제2장 참조). 사실 라이트는 좀더 역동적인 '궤도' 접근방식을 선호하면서 "계급에 대한 완전히 구조적인 설명을 효과적으로 거부했다"(Marshall et al., 1988: 43-44)고 주장되었다. 결과적으로, 라이트의 변형된 두번째 계급지도는 '비마르크스주의적'인 것으로 비판받았던 것이다(Marshall et al., 1988: 47).

대신에 이것이 자본의 소유자와 비소유자 사이의 마르크스의 근본적
인 계급구분에 기초하기 때문에 여전히 본질적으로 마르크스주의적이
지만 덜 엄격하다고 주장될 수 있다. 명칭은 별문제로 하고, 조직자산
과 기술자산이라는 베버주의적 차원을 라이트의 계급지도Ⅱ에 도입
한 것은 수많은 비판을 불러일으켰다. 첫째, '대부분의 상황에서 두
자산을 분리하는 것'이 쉽지 않고 둘째, 재산과 달리, 기술자산은 보
다 작은 정도로 그러하지만 조직자산은 "조직적 상황 밖에서 비축될
수 없다"(Savage et al., 1992: 15). 더욱이 기술자산이라는 아이디어는
"기술자산을 지닌 사람이 비숙련자를 어떻게 착취하는가"가 불명확
하기 때문에 특히 문제가 된다고 생각된다(Savage et al., 1992: 15).

모든 관계적 계급개념화에 적용되는 일반적인 점은, 자본주의사회
에 있어서 사유재산의 실제적·이념적 중요성이 있다 한다면 유산계
급들이 무산계급들보다 상위에 서열을 매겨야 한다는 논의는 가능
하지만 그것들이 위계제로 전환되기는 쉽지 않다는 것이다(Edgell and
Duke, 1991).

전통적인 계급분석단위에 대한 위의 비판에서 제시된 관점들을
고려하여, 사회계급도식의 주요 이점은 다음과 같이 요약될 수 있다.
첫째이며 가장 중요한 것으로, 자본가계급이 아주 작고 경험조사에
서 판별하기 어려울지도 모름에도 불구하고, 사회계급도식은 자본가
계급의 기본적인 경제적·정치적 중요성과 비자본가계급들과의 관계
를 올바르게 인정하고 있다는 것이다. 둘째로, 사회계급도식의 관계
적 차원은 부와 권력 분배상의 사회구성의 역할을 포함하여 불평을
설명하는 데 결정적인 역동성을 제공한다. 셋째로, 사회계급도식은
순수 직업도식보다 직업구조상의 변동에 덜 민감하며, 또한 성과 직
업에 의해 영향을 덜 받는 경향이 있다. 넷째로, 계급동질성 부족의
문제는 무산계급들을 노동의 유형에(예: 육체·비육체) 의해서나 부문에

(예: 공적·사적)의해서 세분함으로써 쉽게 극복될 수 있다.

라이트의 두번째 계급지도 및 골드소르프의 도식과 같이 직업계급과 사회계급을 결합시킨 계급도식들은, 등급적 및 관계적 계급을 한 모형 안에 통합시키는 것이 어느 정도 가능한가라는 의문을 제기한다. 좀더 구체적으로, 직업 및 사회계급도식을 충족해주는 조직원칙들은 기본적으로 양립할 수 없다는 점이 논의될 수 있다. 예를 들어, 직업계급은 공유된 가치를 함축하는 반면, 사회계급은 갈등하는 이해관계를 함축한다. 더욱이 두 개의 '순수' 도식들과는 달리, 혼합도식은 둘 중의 어느 하나에 우선권을 두는 경향이 있지만, 전형적으로 사회 및 직업계급 양쪽을 다 포함한다. 그러한 도식들은 또한, 다양한 범주들이 자본가 혹은 서비스계급·중간적 계급·노동계급 이렇게 3개의 주 계급집단묶음으로 합쳐질 수 있다는 점에서 삼분법적인 경향이 있다(Goldthorpe, 1987: 70). 하지만 만약 혼합도식이 위계제의 언어로 표현되고 무산계급을 계급구조의 동등한 꼭대기에 위치시킨다면, 그러한 도식들은 본질적으로 등급적이며, 그러므로 사회관계적이라기보다 은연중에 직업적임을 암시한다. 대학 강사를 대자본의 소유주와 같은 계급에 위치시키는 것은 사회학적 신빙성을 과장하는 것이다.

다른 한편으로, 산업자본주의사회는 완전히 조화적이지도, 완전히 갈등지배적이지도 않기 때문에 이들 중의 하나의 가정에만 기초한 계급도식은 비현실적이라는 점이 논의될 수 있다. 다시 말해서 계급구조는 공유된 가치들과 갈등하는 이익들을 반영한다. 그러므로 필요한 것은 현대사회구조의 이러한 두 차원을 다루는 계급도식이다. 비록 "중요한 것은 전제가 아닌 결과"(Erikson and Goldthorpe, 1992: 37)라는 점이 주장되지만, 어떤 하나의 계급도식이 성공적이냐 아니냐 하는 것은 이론적·경험적 판단의 문제이다(Pawson, 1989). 확실한

것은 어떠한 도식도 이점이나 단점을 독점하는 것이 아니며, 연구목
적에 크게 달려 있다는 것이다.

2) 선택 2: 분석단위

계급분석에 사용할 개념적 도식을 선택하고 나면, 다음 단계는 누
구에게 계급범주들을 적용할 것인가를 결정하는 것이다. 즉 응답자/
개인인가 혹은 가족/가구인가?

전통적인 분석단위 내에서 계급을 조사하는 사람들은 그들의 직업
계급범주들을 가족/가구에 적용하고 '남성'을 가장으로 취급하는 경향
이 있다. 위에서 언급했듯이, 분석단위 선택에 대한 이러한 접근방식
의 경우는 골드소르프(1983, 1984)에 의해 강력히 옹호되었다. 그는 가
족 구성원들은 동일한 계급위치를 공유하는 데 이 계급위치는 남성
가장에 의해 가장 잘 측정된다고 하고, 그 이유를 남성 가장은 일반적
으로 '노동시장에 지속적으로 가장 활발하게 참여하는 가족 구성원'이
기 때문이라고 주장한다(Goldthorpe, 1983: 470). 골드소르프에 따르면 그
비판은 잘못된 것이라 할지라도(Erikson and Goldthorpe, 1992), 골드소르
프의 주장 첫번째 부분 즉, 부부가 같이 생활할 때, 가구를 형성하고
유사하지만 반드시 동등하지는 않은 물질적 조건과 생활 기회를 공유
한다는 주장은 비판받아왔다(예: Walby, 1986; Wright, 1989). 그러나 이
첫번째 부분을 가족의 계급을 측정하는 가장 좋은 방법에 관련되는
두번째 부분에 비하면 훨씬 덜 논쟁적인 부분이다. 골드소르프는 기혼
여성들의 취업증가에도 불구하고(Reid and Wormald, 1982 비교) "남편의
직업이 지배적 요인으로 남아 있다"라고 주장한다(Goldthorpe, 1983:
469). 이는 기혼여성들이 그들의 가족과 가사 책임들 때문에 여전히
노동시장 참여에서 제약받기 때문이다(Edgell, 1980; Finch, 1983).

　기든스(Giddens, 1979) 그리고 헤스(Heath)와 브리텐(Britten, 1984)을
부연하면 여성들은 가정 안에서보다 밖에서 더 해방을 경험해왔으
나, 그 해방은 차이를 둘 만큼 충분하지는 않다. 그래서 기혼 여성들
은 다소간에 어느 정도 그들의 남편에 의존적으로 남아 있다. 그러
므로 가족의 계급위치는 여전히 일반적으로 남성인 '가장'의 그것에
의해서 결정된다. 이러한 규칙에서의 주된 예외는 "아내의 취업 유
형이 남편과 다를 뿐만 아니라 오히려 우월한" 교차계급가족이라고
골드소르프(1983: 479)는 지적한다. 그러나 골드소르프의 관점에서
일단 의사 교차계급가족들을 무시한다면(예: 관례적 비육체직업 아내와
육체직업 남편), 진짜 교차계급가족들(예: 서비스계급 아내와 노동자 남편)
은 아주 드물어서(McRae, 1986 비교) 반대 주장(Britten and Heath, 1983)
에도 불구하고 남편의 위치에 실질적인 위협을 가하지 않는다.

　관습적 남성 가장에 대한 골드소르프의 변호에 뒤이어 활발하고
때로 신랄한 논쟁이 분석단위에 관련하여 벌어졌다(이미 인용한 참고문
헌 외에 Stanworth, 1984; Goldthorpe, 1984 참조). 그 과정에서 골드소르프
는 계급분석에서 미혼·기혼 여성을 구별하여 다루는 델파이(Delphy,
1981)가 지칭했던 바의 명백히 '비논리적'인 전략이 비논리적이지도
성차별적이지도 않다는 점을 논증하였다(Goldthorpe and Payne, 1986).
그러나 덱스(Dex)가 지적했듯이, "골드소르프는 그의 입장을 확실히
수정해왔고 몇몇 측면에서는 변화시켜왔다"(1990: 137). 특히, 골드소
르프는 그의 처음 남성 '가장' 접근에서부터, 에릭슨(1984)을 따라 가
족의 계급을 정립함에 있어서 "어떠한 관점에서, 노동시장에서 가장
높은 수준의 참여를 하는 가족성원의 위치"(Goldthorpe, 1984: 497)에
대한 고려를 수반하는 '우세'방법을 선호하는 방향으로 움직였다. 그
래서 골드소르프는 여전히 가족/가구 분석단위를 옹호하나, 이 결정
에 대한 그의 접근은 덜 남성중심적이다(Erikson and Goldthorpe, 1992).

우세접근방식은 남성 '가장'의 문제를 극복하긴 하지만, 이것은 명확한 우세서열을 갖는 위계제적인 계급도식을 필요로 한다. 관계적 도식의 경우에는 자영업이 우위를 차지하는 것이 적합한 것으로 간주된다(Erikson, 1984). 마지막으로, 우세원칙은 하향보다는 상향으로 적용되는 경향이 있기 때문에, '하위'계급들의 규모를 축소하고 '상위'계급들의 규모를 확대하는 경험적 효과를 갖는다(Edgell and Duke, 1991).

계급분석의 집단단위에 반대되는 것은 개인단위이다. 응답자/개인지표의 경우는 응답자의 태도와 행동이 응답자의 직접적인 경험에 관련하여 논리적으로 분석되어야만 한다. 그러므로 여성과 계급분석에 관한 논쟁상황에서, 스탠워스(Stanworth)는 기혼여성의 직접 취업을 간과해서는 안 되는데 왜냐하면 이를 간과한다는 것은 이러한 경험이 "우리가 계급형성, 계급 불평등 그리고 계급행동을 이해하는데 아무 것도 더해주지 못한다"는 것을 '함축'하기 때문이라고 주장하였다(1984: 162). 이러한 접근방식은 위에서 언급했듯이, 부부는 다양한 정도에서 유사한 물질적 조건과 계급 '운명'을 공유할 것이라고 주장한 골드소르프와 경합하는 접근방식이었다(Erikson and Goldthorpe, 1992: 223).

대신에 응답자 및 가족 분석단위 양자가 모두 계급의 타당한 측정단위라 할지라도 이는 모두 조사상황에 달려 있다는 주장이 가능하다(Edgell and Duke, 1991). 예를 들어 응답자의 직접적인 경험이 관련성이 있는 생산관련 행위와 태도의 연구들에서는 초점이 개인으로서의 남성 및 여성에게 맞추어져야 한다. 한편, 전체로서의 가족이 어느 정도 함께 소비하는 소비행위와 태도의 연구에 있어서는 가족이 적합한 분석단위이다.

만약 조사상황이 개인적보다는 집단적 계급측정을 요하는 것으로 생각되는 경우라면 이 수준에서 어떻게 계급을 가장 잘 측정할 수 있는가 하는 점이 문제가 되는 것이다.

1인 성인가구의 경우에 그 절차는 응답자에 기초한 분석단위를 사용하는 것과 동일하기 때문에 문제가 되지 않는다. 그러나 둘 이상의 성인이 있는 가구에서는 그 성인들이 동일한 계급에 있지 않을 수 있기 때문에 잠재적으로 문제가 된다. 이 경우 지금까지 고찰한 두 가지 기본적 해결책인 남성 '가장'과 우세 방법 외에도 두 가지 다른 좀더 급진적 접근인 여성과 남성에 대한 통합분류방식과 분리 계급도식이 있다. 브리텐과 헤스(1983)에 의해 진전된 것과 같은 결합분류는 여성의 노동시장 상황의 불안정성으로 인해 문제점이 있다(Goldthorpe, 1984). 골드소르프에 따르면, 이것은 "그릇되게 높은 그래서 계급분석의 목적을 그르치는 계급이동비율을 낳는다"고 하였다(Goldthorpe, 1984: 495; Erikson and Goldthorpe, 1992: 238 참조). 머가트로이드(Murgatroyd, 1982, 1984)에 의해 진전된 여성의 사회집단 등급화와 같은 분리계급도식 대안은 고용을 특징짓는 포괄적인 성차별에 부분적으로 근거하고, 부분적으로는 남성을 위해 개발되어 여성에 적용되는 도식들, 예를 들면 골드소르프의 도식에 대한 비판에 근거한다(Arber et al., 1986). 예를 들어 여성 취업의 가장 두드러진 특징 중의 하나는 상당수가 시간제이고 종종 무보수의 가정주부라는 역할을 겸하는 기혼여성의 경우와 결부되어 있다는 점이다. 이것은 모든 도식들에 해당되는 문제이며, 적용범위의 정도결정이라는 계급의 조작화에 관련된 세번째이자 마지막 선택과 관계가 있다.

3) 선택 3: 적용범위의 정도

계급의 조작화에서 마지막 주요 선택은 적용범위의 정도에 관련된다. 전통적으로는 전임으로 경제적인 활동을 하는 성인들만이 계급분석에 포함된다. 이는 전임으로 일하지 않는 사람과 실업자·시간제 노동자·퇴직자 등은 더 이상 계급구조의 부분이 아니라는 것을 암시한다. 영국과 미국과 같은(제4장 참조) 현재 산업자본주의사회들에서 높은 수준의 실업과 불완전 취업, 따라서 이로 인한 최하층계급이 지속적으로 존재한다는 점은 모든 성인들이 계급분석에 포함되어야 한다는 주장을 강화시킬 만하다. 경험적 측면에서 이 선택은 경제적 활동/비활동의 관념에 부착될 수 있는 다양한 사회학적 의미들로 인하여 복잡해진다. 그래서 경제적 활동은 일벌레에서부터 임시노동자, 지속적 기준에서는 비활동적인 사람들까지 그 범위에 포함할 수 있다. 다시 말해 집 밖, 경제의 공식부문 내의 규칙적 및 불규칙적인 전임 및 시간제 노동이 있고, 비공식적인 '비기록(off the books)' 노동과 자원봉사, 집안에서의 보수 및 무보수 노동이 있다. 전형적으로 계급분석은 오직 공식부문에서 활동하는 사람들만 관련되지만 비공식부문 '노동'의 계급구조는 공식부문 '노동'의 계급구조에 필적한다(Mattera, 1985; Edgell and Hart, 1988). 흥미롭게도 경제활동의 공식적 정의에서 무보수 가사 일을 제외하는 것은 1881년 영국 인구조사로 거슬러 올라간다(Hakirn, 1980).

마셜(Marshall, 1988) 등에 의해 지적된 바에 의하면, 라이트의 신마르크스주의와 골드소르프의 신베버주의의 계급에 대한 접근방식 사이의 수렴점 중 하나는, 그들 두 사람 모두 직접적으로 그리고 쉽게 어느 한 계급에 배치시킬 수 있다는 근거에서, 공식적 노동력에 속한 개인들에 집중했다는 점이다.

그러나 '일하는 실업자'(Henry, 1982)를 계급분석에서 제외하는 것은, 부재 소유주 같이 불로소득에 의존하여 생활하는 유한계급의 구성원들 혹은 전임 가정주부와 같은 대리 유한계급의 구성원을 제외하는 것보다 더 부당해 보인다(Veblen, 1970). 이것은 "우리가 노동력에 참여하느냐 아니냐에 관계 없이 우리 모두는 계급위치를 갖는다"
라고 주장한 에릭슨이 취하는 관점이다(1984: 502). 공식부문에서 전
임직을 갖는 사람들(활동적인)과 그렇지 못한 사람들(비활동적인)을 구
분한다는 견해에서, 만약 계급조사에서 후자의 범주를 포함시키기를
원한다면, 이는 그들의 가장 최근의 직접적 계급경험이나 선행하는
주된 직접적 계급경험을 참조함으로써 이루어질 수 있다. 이러한 방
법은 과거에 일한 적이 있는 대다수의 모든 사람에게 적용가능하나,
학생과 같이 결코 일해본 적이 없는 사람들에게는 적용할 수 없다.
경제적으로 '비활동적'인 사람들을 계급분석에 포함하는 것은, 이
점차 증가하는 크고 이질적인 사회적 범주의 사회학적 중요성을 계
급에 대한 조사활동의 진행과정에서 제외해버리지 않는다는 점을
확실히 하는 것이다.

4. 요약과 결론

계급을 조작화하는 다양한 방법들은 서로 다른 사회학적 함의들
을 갖고 있으며, 이들 중 몇은 노동계급과 미분류 인구의 규모를 특
히 중심으로 한, 표 <3-1>에 예시되었다.

표 <3-1>은 노동계급의 규모가 개념적 도식, 분석단위, 적용범
위의 정도의 세 가지 주요 선택들에 관련하여 어떻게 정의되느냐에
따라 엄청나게 다양해질 수 있다는 것을 보여준다. 예를 들어 경제
활동 응답자에만 배타적으로 초점을 맞추게 되면 노동계급의 규모
와 자료의 포괄성을 감소시킨다.

결론적으로, 계급조작화의 서로 다른 방법들은 매우 상이한 계급
구조의 모형들을 낳으며, 조사하게 될 사회학적 문제들에 크게 의존

<표 3-1> 노동계급과 미분류된 표본비율의 규모에 미치는 대안적
계급조작화의 효과

분석단위	적용범위의 정도	개념적 도식	노동계급(%)	미분류(%)
응답자	경제활동인구만	직업적	24	45
응답자	경제활동인구만	사회적	39	45
응답자	모두	직업적	45	5
응답자	모두	사회적	71	5
가족	경제활동인구만	직업적	24	34
가족	경제활동인구만	사회적	39	34
가족	모두	직업적	35	3
가족	모두	사회적	60	3

출처: Edgell and Duke, 1991: p.39.

한다. 그래서 만약 조사의 초점이 생산행위와 태도라면, 어떠한 개
념적 도식도 사용될 수 있으나 분석단위는 응답자이어야만 하고 오
직 경제활동인구만이 포함되어야 한다. 역으로 대처주의의 사회적
정치적 효과에 대한 연구에 있어서는 사회계급에 대한 가구 측정을
사용하여 경제활동 및 비활동인구가 다 포함되어야 한다고 주장되
었다(Edgell and Duke, 1991). 실제 조사상황에서는 조사방법에 대한
학문적 논의와는 대조적으로 자료수집·부호화 및 분석의 비용과 용
이함에 대한 고려가 계급개념을 조작화하는 방법의 결정에 영향을
미치는 것은 당연하다. 예를 들어, 가구의 모든 성인 구성원에 대한
충분한 정보를 수집하는 것은 조사비용을 상승시키며(Edgell and
Duke, 1987), 가구의 남성'가장'방법은 계급위치의 통합측정방법보다
훨씬 덜 복잡하다(Savage et al., 1992).

경험적 계급 조사자가 직면하는 조작적 선택들의 복잡성과 모든
성향의 사회이론가들에 의해 확인되었던 계급상황과 집단묶음의 거
대한 범위에 비추어 볼 때, 얼마나 많은 계급들이 근대 산업자본주
의사회에 존재하는가(Runciman, 1990)라는 질문에 답하는 것이 가능

할까? 계급사회학의 전문가들조차도 확신하지 못하는 것으로 보인
다. 예를 들어, 제2장에서 라이트는 둘에서 열 두 개 사이의 계급을,
골드소르프는 셋에서 서른 여섯 개의 계급을 지적하였다. 에릭슨과
골드소르프에 따르면, 계급수의 문제에 대한 '유일하게 현명한' 답
은 "당장의 분석적 목적을 위해 구별하는 데 유용하다고 경험적으
로 증명된 만큼의 수"이다(1992: 46). 다른 한편으로, 식별된 계급의
수는 역사적 정치적 환경에 따라 다양할 것이다. 예를 들어, 계급구
조가 단편적이고 유동적일수록 계급의 수는 많아지는 반면, 양극화
된 두 계급모형은 계급갈등의 중대성을 강조한다(Ossowski, 1969). 그
러므로 비록 이 문제에 대한 명확한 답이 없을지라도 위에서 논의한
신마르크스주의와 신베버주의 계급지도가 점차 더 수렴하고 있는
상황에서 보면(특히 제2장 참조), 교육학적 목적을 위하여 아주 다양한
계급상황들을 재산·지식·육체노동이라는 계급권력의 주원천을 중심
으로 하는 세 개의 기본집단으로 축소할 수 있다. 그러나 다음 장에
서 확실해지겠지만, 주요 사회계급들로 이루어지는 계급상황들의 정
확한 구성체와 그들의 명칭은 상당한 논쟁거리가 된다.

제4장 계급구조와 사회변동

1. 서론

　지금까지의 논의는 고전 및 현대 마르크스주의 및 베버주의 사회이론에서의 계급의 의미와 그에 더해서 계급의 측정에 집중해왔다. 이 장의 목적은 금세기 동안 미국과 영국에서의 변동을 특히 참고로 하여 선진 자본주의에서의 주요 계급들을 고찰하는 것이다. 마르크스와 베버 사이의 차이에도 불구하고 특히 계급사회의 동학과 미래에 대해서는, 신마르크스주의와 신베버주의 이론가들에 의해서 개발된 계급모형들은 점차 그 유사성이 증대하고 있는 것으로 보인다 (Waters, 1991). 그래서 현대사회들의 계급체계의 기본적인 형상에 관한 새로운 합의가 있을 것 같아 보인다. 기든스(1979)에 따르면, 계급권력의 세 개의 주요 원천으로는 재산·자격·육체노동력의 소유가 있는데, 이것들은 재산에 기초한 지배/상위계급, 자격에 기초한 중간적/중간계급, 노동력에 기초한 노동/하위계급 이렇게 세 계급구조를 창출하는 경향이 있다.

　이 모형의 정연함은 실제보다 더 명확한데, 왜냐하면 세 계급들이 내부적으로 계급분파로 나뉘어질 수 있고, 그것들의 응집력이 시간과 공간에 따라 다양할 수 있기 때문이다. 중간계급의 경우 이것은 특히 진실이라고 논할 수 있다(Edgell and Duke, 1991). 왜냐하면 중간계급은 문화 및 조직자산에 기초하여(Savage et al., 1992) 그리고 고용부문에 의하여(Edgell and Duke, 1991) 차례로 단편화될 수 있는 무재산 신중간계급은 물론 유산 구중간계급도 포함하고 있기 때문이다.

2. 지배(dominant)계급(들)

계급이라는 언어 속에는 편견이 자리한다. 지배계급의 경우 이를 가장 명확하게 예시해준다. 신마르크스주의자들은 착취를 함축하는 의미로 자본가계급을 말하고, 그리고/혹은 정치적 힘이 경제적 힘과 경계를 같이 한다는 점을 함축하는 의미로 지배계급(ruling class)을 말한다. 한편 신베버주의자들은 경제적 힘이 직접적으로 정치적 힘으로 통한다고 가정하지 않고, 그래서 경제적 힘을 가진자들(특전을 받는 유리한 자들)과 정치적 힘을 가진자들(통치계급 혹은 정치엘리트)을 구별한다. 순수하게 직업에 기초한 계급모형을 다루는 사회학자들은 가장 부유한 계급을 상층계급으로 일컫는 경향이 있다. 지배계급이란 용어는 비록 이것이 "지배계급(ruling class. dominant class와 ruling class를 모두 '지배계급'으로 번역하였는데 후자의 경우에만 영문을 병기하였다: 역자)의 아이디어는 모든 시대에서 지배적(ruling) 아이디어이다"(Marx and Engels, 1970: 64)라는 점을 암시해주는 마르크스주의 지배이데올로기이론을 언급하는 것이지만, 계급구조의 정점에 있는 사람들을 지칭하는 좀더 중립적인 방식들 중의 하나임은 분명하다.

금세기 지배계급의 운명에 대한 논쟁의 기원은 마르크스와 베버로 거슬러 올라갈 수 있다. 두 사회이론가 모두 자본주의 발전이 회사의 규모와 복잡성의 증가에 기인하는 통제로부터 소유권의 분리에 관련된다는 점을 지적했지만 약간씩 다른 변동의 측면을 강조하였다. 예를 들어, 마르크스에 있어서 '감독 노동'이 '자본의 소유'와 분리되는 경향은 자본가가 이제 '남아도는' 존재임을 의미하였다(1974: 386-368). 한편 베버는 기능의 분화가 "수익성의 관점에서 가장 적격인 사람이 경영직의 자리에 선택됨을 허용한다"고 주장하였다(1964: 248-249). 마르크스와 베버가 유럽에서 다른 이들은 특히 베블런(Veblen, 1963)이 미국에서 처음 경영계급의 출현을 지적한 이후 근대 사회들의 계급구조에서의 이러한 변동의 사회학적 의미는 무엇인가 하는 것이 결정적인 질문이 되었다.

이 질문에 대한 다양한 가능한 답들이 다른 이들 특히 니콜스(Nichols, 1969)와 차일드(Child, 1969)에 의해 자세하게 검토되어왔기 때문에 여기서는 두 개의 기본입장만이 고찰될 것이다. 경영주의자들은 경영자본주의의 등장이 계급구조를 포함하여 자본주의를 변형시켰다고 주장해왔다. 역으로 비경영주의자들은 통제와 소유권의 분리가 자본주의사회의 기본 속성을 바꾸지 않았다는 입장을 취해왔다. 그 주류가 비마르크스주의자들인 경영주의자들과 전체적으로 신마르크스주의 경향인 비경영주의자들은 통제와 소유권이 분리되었다는 것은 동의하나, 이러한 역사적 변동에 대한 사회학적 설명에서는 현저하게 다르다.

경영주의 견해에 대한 주된 공헌자들은 아론(Aron, 1972), 벌과 민스(Berle and Means, 1968), 번햄(Burnham, 1945), 크로스랜드(Crossland, 1964), 다렌도르프(Dahrendorf, 1959) 그리고 갤브레이스(Galbraith, 1967)를 포함한다. 그들은 다양한 방식으로 근대 주식회사의 경영적 통제는 두 가지 측면, 즉 소유주로부터 경영자들로의 권력이동과 경영적

힘이 좀더 사회적으로 책임있는 방식으로 행사된다는 점에서 자본
주의적 통제와 다르다고 주장한다. 예를 들어, 미국 자본주의에 대
한 그들의 선구적인 경험적 분석에서 벌과 민스는 그들이 근대 주식
회사에 있어서 통제로부터 소유권의 분리가 점점 증가하고 있다고
간주하는 것을 문서로 증명해보였다. 그들은 소유와 통제 사이에 이
해관계의 차이가 있고 이제 소유자들은 "새로운 왕자들이 그들의
힘을 행사하는 수단을 공급하는 사람들의 위치로 전락하였다"고 주
장하였다(1968: 116). 마지막으로 그들은 다음과 같은 주장을 하면서
보다 사회적으로 책임있는 경영계급의 성장을 시사하였다.

> 참으로 주식회사체제가 살아남으려 한다면 거의 필수적인 것으로 보이
> 는 다음과 같은 점을 생각할 수 있다. 거대한 주식회사의 '통제'가 그 공동
> 체의 다양한 집단들의 주장들을 조정하고 사적 물욕보다 공공의 정책에 근
> 거하여 수입흐름의 일정 부분을 각각에 배당하는 순수히 중립적인 기술관
> 료제로 발전해야 한다는 점(Berle and Means, 1968: 312-313).

벌과 민스를 포함한 많은 초기 경영주의 저자들을 반영하고 있는
다렌도르프에 따르면, 통제로부터 소유권이 분리된 주된 결과는 다
음과 같다.

> 그것은 그 담당자들이 점차 일반적으로 사회에 대한, 특수하게는 기업에
> 대한 견해와 태도상에 따라 움직이는 두 개의 역할군을 생산한다. 그들의
> 준거집단들은 다르고 상이한 준거집단들은 상이한 가치에 이바지한다. …
> 이윤동기의 오명은 근대 관료주의 경영자들의 경우보다 인간의 실제 동기
> 로부터 결코 더 멀리 떨어져 있지 않다. 경제적으로 경영자들은 임대수익
> 성·효율성·생산성 같은 것들에 관심이 있다(1959: 46).

다렌도르프는 사회적 기원과 직업적 경험 양자에 관련한 관료적
경력의 중요성을 중심으로 하여 그러나 최소한의 경험적 증거를 가

지고 경영자들이 소유주-경영자들과 매우 다르다는 그의 명제를 발전시킨다. 다시 말해서 주식회사의 성장과 소유권의 분산의 맥락에서 그는 통제로부터 소유의 분리가 그들의 전문적 자격 그리고/혹은 조직적 위치에 근거해서 권위를 행사하는 새로운 경영자 계급의 출현을 이끈다고 주장하였다. 그는 더 이상 노동자계급이 동질적인 자본가계급과 대치하지 않는 이상, 이것을 '여전히 계급갈등이라고 묘사할 수 있는지' 의심스럽다고 결론내린다(Dahrendorf, 1959: 48). 그래서 다렌도르프는 다른 경영주의자들과 함께 자본주의사회이론가라기보다 후기 자본주의, 산업사회 이론가이다(Scott, 1985).

니콜스는 다양한 경영주의 전통들을 구별하는 것이 가능하긴 하지만, 그것들 모두는 통제와 소유의 분리가 발생하였다는 점뿐만 아니라 "그것이 중요하다는 점 그리고 그것을 사업행위, 나아가서 사업이데올로기에 변화를 초래했다고 믿는다"는 견해를 공유한다고 주장하였다(1969: 55).

비경영주의자들은 그들 모두가 다소간에 어느 정도 마르크스를 추종한다는 점에서 경영주의자들보다는 덜 이질적인 경향이 있다(Baran and Sweezy, 1968; Blackburn, 1965; De Vroey, 1975; Miliband, 1973; Westergaard and Resler, 1975; Zeitlin, 1989; McDermott, 1991). 비경영주의자들은 소유가 통제로부터 분리되었다 하더라도 소유권이 자본주의 기업의 구조 내에서 개인적 형식으로부터 비개인적 형식으로 이동하는 이러한 변화는 산업자본주의의 기본이 되는 속성을 바꾸는 것은 아니며, 더구나 자본가계급의 소멸을 나타내는 것은 아니라고 주장한다. 여러 가지 이유와 적지 않은 증거가 이 명제를 뒷받침하는 데 제시될 수 있다.

첫째로, "경쟁은 자본주의 생산의 내재적 법칙들을 자본가 개인 각각에 의해 외부적인 강제 법칙으로 느끼게끔 만든다"(1970a: 592)

는 마르크스의 기본적 관점을 되풀이하는, 블랙번(Blackburn, 1965: 117)이 일컫는 바 '시장 경제 논리'의 주장이 있다. 즉, 자유시장체제에서 모든 주식회사들은 소유주-경영자에 의해서 혹은 전문경영자에 의해서 '통제되는'가 아닌가에 관계 없이 이윤이나 위험소멸을 창출하도록 강제된다.

둘째로, 경영주의에 대한 이러한 비판의 공세는 소유자와 경영자의 사회적·경제적 연합에 초점을 맞춘 두 가지 심화된 관점에 의해 강화된다. 영국 및 다른 많은 산업자본주의사회들에서 주식회사들에 대한 조사가 스콧(Scott, 1985)에 의해 철저히 고찰되어왔다. 이 고찰은 경영자와 소유주가 그들의 계급기원과 교육경험의 면에서 유사한 사회적 배경으로부터 왔다는 점, 경영자들은 그들 자신이 회사의 주식을 소유하며 그래서 그들 소득의 일정 부분이 이 원천으로부터 오는 경향이 있다는 점을 보여준다. 부르디외(Bourdieu, 1971)의 작업에 의거하여 스콧은 기업권력의 직접적인 계승은 과거의 개인적 지배양식하의 규범이었으나 이제는 특권적 교육의 구입을 포함하는 간접적 사회기제들에 의해 보완되었다고 주장하였다. 이는 자본가계급으로 하여금 경제적 자본뿐만 아니라, 문화적 자본까지도 그들의 후손에 넘겨줄 수 있게 해준다. 그래서 비개인적 자본주의의 성장은 "자본가계급의 경영적 재조직화만을 초래했을 뿐이다"(Scott, 1985: 256).

세번째로, 근래의 자료들은 이윤을 생산하는 능력에 따라 전문경영자들이 충원되고 유지되며 승진된다는 사실을 보여준다(Nichols, 1969; Zeitlin, 1989; McDermott, 1991). 놀랄 것 없이 전문경영자들에 대한 한 연구는 "그들은 더욱 이윤지향적이 되었을 뿐 아니라, 이윤을 얻을 능력을 더 지니고 있다"고 결론내렸다(Pahl and Winkler, 1974: 118). 이 조사에서 발견된 사실은 경영주의 명제의 핵심인 '경영자'가 통제하는 회사와 '소유자'가 통제하는 회사 사이의 구분의 타당성에 대해 주된 의문을 불러일으킨다.

경영주의에 대한 이러한 비판은 소유와 통제의 분리가 '자본가계급의 소멸'을 이끄는 것이 아니라, 사적 재산이 점증하는 주식회사의 형식을 가장함으로써 '변형'을 이끈다는 것을 암시한다(Scott, 1991: 24). 그래서 이 작지만 의미있는 계급을 식별하는 데 어려움이 있음에도 불구하고—그래서 골드소르프는 서비스계급에 대재산가를 '다소 변칙적으로' 포함시킴(Erikson and Goldthorpe, 1992: 40)—자본가계급은 소유와 통제의 개인적 형식으로부터 집합적 형식으로의 변화에도 불구하고 살아남아왔다.

스콧(1991: 72)에 의하면 근대자본주의 사업계급은 4개의 분석적으로 '독특한 계급 단편들'로 나뉘질 수 있는데, 이는 기업 자본가(즉, 사업의 모든 측면을 적극적으로 통제하는 고전적 자본주의 소유자), 임대 자본가(즉, 배당금을 수동적으로 모으는 부재 소유자), 행정 자본가(즉, 무재산자일 수도 있고 아닐 수도 있는 관료적 자본가), 금융 자본가(즉, 무재산자일 수도 아닐 수도 있는 종종 시간제 수준의 복합적 관리 직책의 담당자)이다. 그래서 근대 자본가계급은 "가족의 부와 생활기회가 그 구성원들이 이들 자본주의의 경제적 위치에 참여함으로써 발생하는 그러한 사람들로 구성된다"(Scott, 1991: 72).

만약 경영혁명이 '의사 사실'(Zeitlin, 1989: 156)이라면 정치적으로 지배하는 자본가계급이 존재한다는 어떤 증거가 있는가? 미국에서(Domhoff, 1967) 그리고 영국에서의(Scott, 1991) 조사는 지배계급(ruling class)의 개념이 계급구조의 '최상층부'에 대한 사회학적 이해와 여전히 적합성을 가지고 있다는 점을 보여준다.

강력한 사회학적 전통에 의거하고 밀스의 저작(1968)을 예로 하여, 덤호프(Domhoff)는 이전의 조사 방법과 발견들을 고찰하고 그 자신의 자료를 더해서, 미국의 상위계급은 통치계급이라는 결론에 도달하였다. 그는 지배계급에 대한 두 가지 기본적 분석방식 사이의 차이를 다음과 같이 요약했다.

의사결정 접근방법은 의사결정과정과 그 결과를 연구하기 위한 문제와 시도에 관련된다. 리더십사회학 방법론은 제도적 리더십과 의사결정 집단들의 사회학적 배경에 관련되며 그 사회학적 구성을 연구한다. 의사결정 접근방법은 주요 정치적 문제, 주역들의 실질적 이해관계 그리고 성과의 장기적 결과를 상술하는 데 어려움이 있고, 리더십사회학 방법은 상위계급 지도자들이 특별한 이해관계를 갖는다는 것을 증명하고, 얼마나 많은 의사 결정자들과 제도적 지도자들이 상위계급의 구성원이어야 하는가를 상술하는 데서 어려움에 봉착한다(Domhoff, 1967: 145-6).

덤호프는 두 가지 방법이 다 불완전한데, 그 자신의 연구에서는 3개의 주요 근거에서 리더십사회학 접근방식을 강조했다고 지적했다.

1. 미국 사회의 주요 제도들(예컨대, 엘리트의 교육·사회·경제 및 정치제도들)에 대해서 의견일치를 보는 것이 다양한 계급들의 이해관계들에 대해서 보다 쉽다.
2. 리더십 집단의 사회적 구성을 확인하는 것에 비해 의사결정을 연구하는 것은 매우 어렵다.
3. 상위계급 지도자들의 특정 이해관계를 중시하는 리더십사회학 방법에 대한 비판은 이 계급이 국민 국가의 부의 불균형한 비율을 소유한다는 것과 '연소득의 불균형한 양을 받는다'는 것을 밝힘으로써 부분적으로 답변될 수 있다(Domhoff, 1967: 146).

덤호프의 주결론은 경험적으로 확인가능한 미국 상위계급의 '소득·부 및 제도적 리더십'은 이 계급이 **"통치계급이라는 명칭을 얻기에 충분하다"**는 것이었다(1967: 156).

럽톤(Lupton)과 윌슨(Wilson, 1959) 그리고 니콜스(1969)에 의한 연

구들처럼 소수의 소규모 사회학 연구들에서 예외는 있었지만, 지배계급(ruling class)의 존재문제를 경험적 증거를 기초로 하여 만족스럽게 대답할 수 있었던 것은 스콧에 의한 최근의 조사연구(1982, 1985, 1991)에 이르러서였다. 그의 가장 최근의 읽을 만한 연구에서 스콧은 "영국에는 오늘날 지배계급(ruling class)이 있다"는 신마르크스주의 관점(Miliband 1973 참조)에 동의한 덤호프의 유명한 바로 그 책의 영국 후속편을 썼다(1991: 3-4).

첫째로, 스콧은 자본가계급이란 무엇인가?라는 질문을 던졌다. 그의 답은 자본가계급은 그 유리한 위치가 사적 재산의 소유와 통제로부터 나오고, "다른 계급들의 그것들에 대해 구별되고 반대되는 이해관계를 갖는" 경제적 지배계급으로 정의될 수 있다는 것이었다(1991: 7). 위에서 언급했듯이, 그는 자본의 '개인적' 소유에 기초한 것으로부터 점차 쉽게 식별하기가 어려운 '비개인적' 소유에 기초한 것으로의 기업조직 구조상의 변화가 이 계급을 변형시켜왔다고 주장한다. 이러한 중요 변화에도 불구하고 "그 구성원들이 그 소득과 부를 창출하는 자본주의 사유재산 체제의 성공에 의존하는" 자본가계급을 영국에서 확인하는 것은 여전히 가능하다(Scott, 1991: 24). 계급 재생산은 부분적으로 사적 소유와 통제의 직접적 결과이고 부분적으로는 가족과 교육에 뿌리를 둔 사회적 네트워크의 간접적 결과이다.

스콧의 다음 단계는 경제적 지배계급이 정치적으로도 역시 지배한다는 것, 즉 국가권력을 행사한다는 것을 보여주는 것이다. 그는 다음과 같이 주장한다.

자본가계급은 그의 경제적 지배가 국가의 작용에 의하여 유지될 때와 혼자 혹은 더 넓은 권력 블록을 통해서 국가 기구를 다스리는 권력 엘리트로 그 대표를 불균형하게 내보낼 때 지배계급(ruling class)을 형성하는 것으로 간주될 수 있다(Scott, 1991: 38).

　사회적 배경자료 혹은 덤호프가 리더십사회학 방법론이라 일컫는 바에 근거하여, 스콧은 "독특한 모형의 사회적 배경의 통일적인 특징에 뿌리를 둔 계급연합으로서 … 그 안에서 자본가기업계급이 지배적 위치를 차지하는 권력블록의 존재를 단정한다"(1991: 137).

　자본가계급이 정치적으로 통치한다는 것을 논증한 후, 스콧은 "이 정치적 지배가 이루어질 수 있는 기제들"을 고찰하였다(1991: 139). 그는 국가가 자본가계급에 유리한 방향으로 작용한다는 점, 이는 국가의 활동이 현존하는 자본주의사회관계를 그래서 훼손하기보다는 뒷받침한다는 의미에서 배제적 우월성이 아닌 관계적 우월성의 문제라는 점을 시사한다. 그래서 스콧에 있어서 보면 영국 자본주의의 기본적인 경제적·법적·규범적 구조는 "국가의 의사결정 기구를 통해 결코 재협상되어본 적이 없다"(1991: 142). 다시 말해, 국가는 역사적으로 그리고 구조적으로 자본가계급의 지속적인 경제적·정치적 지배 쪽으로 편향되어 있다.

　스콧은 영국은 "그 경제적 지배가 국가의 작용에 의해 유지되고 그 구성원들이 국가 기구를 통치하는 권력 엘리트로 불균형하게 그 대표를 내보내는" 지배계급(ruling class)을 갖고 있으며, 어떤 조건하에서는 국가는 계급배경보다 계급지배를 확보하는 데에 더 중요한 역할을 한다는 결론을 내렸다(1991: 151).

　사회발전의 산업사회모형에 찬동하는 경영주의자들과는 대조적으로, 비경영주의자들은 자본주의가 변화하긴 했으나 인지할 수 있을 정도로 변형되지는 않았다고 주장한다. 소유권은 탈개인화되었지만 소멸되지는 않았다. 단지 작전상의 통제(예컨대, 기본 장기목표의 중단기적 이행)만이 포기되었을 뿐이고, 전략적 통제(예컨대, 장기계획)는 유지되어왔다(Scott, 1985; Clegg et al., 1986). 자본주의 발전의 원동력인 이윤동기는 덜 중요해졌다. 자본가계급의 경제적 힘은 국제 주식회사들의 성장의 결과 증가되었으며, 부의 독점과 교육적 특권의 독점을 결합함으로써 그 연속성이 달성되었다. 이는 스콧으로 하여 "경영혁명은 완성에 가깝기는커녕 아직 시작도 안 됐다"는 결론에 이르게 하였다(1985: 260).

이 단계에서 분석상에 한 가지 의문이 생겨난다. 대규모 불평등과 주기적 공황으로 특징지어지는 민주주의 사회에서 상대적으로 작은 통치계급이 부와 권력을 독점하는 것이 어떻게 가능한가? 이 질문에 대한 한 가지 가능한 답은 자본가계급의 경제적·정치적 지배가 그 이해관계에 기여하며, 그리고 그 이해관계는 다른 계급들에 의해 널리 공유된다고 생각되는 아이디어에 의지해서 정당화된다고 주장하는 것이다. 자본가계급 지배에 대한 이 합의적 차원은 비록 그들이 지배계급(ruling class) 지배의 정치적 표현과 지적 표현 사이의 구별을 '체계적으로' 설명하지는 않았지만, 마르크스와 엥겔스가 사용한 지배계급(ruling class)이란 용어와는 다른 의미이다(Bottomore, 1991: 485).

그람시(Gramsci, 1971)에 따르면 시민사회의 계급지배는 헤게모니라 일컬어지며, 마르크스주의 이론에서는 일반적으로 지배이데올로기 명제 즉, 사유재산의 미덕을 강조하는 강력한 지배이데올로기의 존재가 모든 계급들의 전체 자본주의사회질서의 수용을 창출한다는 명제로 더 알려져 있다. 그러나 이것은 '과잉 사회화된 사회 개념'과 종속적 계급들의 이념적 결합에 대한 상응하는 강조에 의거하고 있고, 또한 전달기제의 발달, 특히 대중교육과 대중매체의 성장이 후기자본주의에서 지배이데올로기의 응집상의 쇠퇴와 동시에 일어났기 때문에, 지나치게 복잡하고 문제가 있는 명제로 보여져왔다 (Abercrombie et al., 1980: 152).

보다 구체적으로 첫번째, 사유재산을 상속하고 소유할 권리에 관련된 귀속적 특권 및 자본주의와 관료제화에 관련된 성취적 특권처

럼 지배이데올로기의 주요 요소들 사이에 긴장이 있다는 점이 지적
되었다(Abercrombie et al., 1980). 두번째, 종속적 계급통합은 공유된
가치들보다도 마르크스가 칭한 바 '경제관계의 무딘 강제'(1970a:
737) 그리고 현상유지의 '실용적 수용'(Mann, 1973: 30)에 관련해서
다루어야 한다고 애버크롬비(1980) 등에 의해 주장되었다.

세번째, 베블런은 경쟁적인 과시적 소비를 통해 '금전적 호평을
위한 투쟁'을 하는 보수적 정치세력을 강조하였다(1970: 39; Edgell,
1992 참조). 네번째, 베블런(1964)은 애국심으로부터 나오는 사회적
유대와 그에 더해 성공적 제국주의에 의해 생성되고 모든 계급들에
공유되는 '심적 소득'을 강조하였다(1964: 71; 또한 Edgell and
Townshend, 1992 참조). 다섯번째, 보상체계와 개혁주의가 실패할 경우
통제를 회복하고 질서를 유지하기 위하여 반대하는 종속적 계급들
에 대해 직접적 힘이나 정치적 억압이 행사될 수 있다(Miliband,
1989). 물리적 강제가 산업자본주의로의 전환중에 더 일반적이며, 경
제적 의존이 선진사회를 특징지어준다고 생각된다(Abercrombie et al.,
1980). 더욱이 1980년대 동안 영국에서(그리고 다른 곳에서) 지배이데
올로기의 내적 응집을 증진시키고, 자본가계급이 이를 지원하는 핵
심적 자본주의 가치들의 재연이 있었다(Edgell and Duke, 1991). 이것
은 "자본가계급이 경제적·정치적·문화적으로 지배적이다"라는 점을
암시한다(Bottomore, 1989: 10).

3. 중간적 계급(들)

금세기 동안 근대 자본주의사회들의 계급구조의 중간에 있는 계
급위치들은 다른 어떤 것보다 팽창하고 단편화되었다고 생각되며,

그 결과 전형적으로 '현대 사회학에서 가장 다루기 힘든 문제들 중
의 하나'로 간주된다(Abercrombie and Urry, 1983: 1). 관습적으로 역사
적·이론적으로 민감한 구분은 '구'유산자와 '신'무산자 '중간계급들'
사이에 만들어졌는데(Mills, 1956), 그들은 또한 소 혹은 프티부르주아
지 그리고 화이트칼라 혹은 비육체계급으로 알려졌다. 전자는 피고
용인을 거느리거나 거느리지 않는 자영업자를 포함하며, 후자는 적
당한 권위를 갖는 화이트칼라노동자에서 고도로 자격을 갖춘 전문
가의 범위에 걸쳐 있을 수 있다. 이질적 중간계급에 대한 이러한 이
원론적 개념은 계급들의 이 가장 문젯거리가 많은 계급들에 관한 자
료를 제시하는 기초가 될 것이다.

1) 구중간계급

'구'기업가적 중간계급은 그들이 생산수단을 소유함과 동시에 그
것을 운용하며, 때때로 다른 이들을 전형적으로는 친척들을 고용한
다는 점에서 특징적이다. 마르크스와 베버는 이 계급을 '중간계급의
하층' 그리고 '하위 중간계급'이라고 각각 칭했으며, 둘 다 이 계급
이 거대 자본가들로부터의 경쟁의 총격에 의해 소멸될 것으로 보았
다(Marx and Engels, 1848: 62-63; Weber, 1964: 427). 그러나 마르크스는
그들의 확대되는 프롤레타리아트로의 전락을 강조한 반면, 베버는
장래 그들의 최선의 선택은 기술적으로 숙련되는 것이라고 주장하였
다. 이것이 이른바 프롤레타리아화 대 부르주아화라 불리는 계급사
회학의 주된 논쟁의 초기 판이다. 일어난 일은, 큰 회사들이 현재 근
대 경제, 특히 제조업 분야를 지배하고 있음에도 불구하고 작은 사
업체들이 특히 서비스분야에서 생존해왔을 뿐만 아니라 팽창하였다
는 것이다(Bogenhold and Staber, 1991: Burrows and Curran, 1989; Scase and

Goffee, 1980; Storey, 1983; Wright, 1985; Steinwetz and Wright, 1989).

자영업자·소고용주·소유주-통제자·소유주-관리자 등과 같이 기업 가적 중간계급 내의 본래적 다양성에도 불구하고(Goss, 1991) 스케이스와 고피(Scase and Goffee, 1982)는 이 계급에 대한 세 가지 특징적 접근방식들을 식별하였다. 첫번째는 영속적 쇠퇴를 강조하는 것으로, 나는 이를 소멸이론이라 부른다. 두번째는 생존에 집중하는 것으로 주변화이론이라 묘사될 수 있을 것이며, 세번째는 작은 것이 점차로 아름다워진다고 주장하므로, 탈주변화이론이라 명명된다. 최근까지 역사적 증거들은 신마르크스주의의 소멸이론을 확증하는 것처럼 보여졌다. 1960년에서 1980년 사이 미국 인구조사 통계는 소규모 자본의 노동력이 13.8%에서 9.3%로 떨어졌음을 보여준다(Wright and Mactin, 1987). 유사하게 1970년에서 1979년 사이에 영국에서의 공식 자영업자수는 200만에서 190만으로 떨어졌다(Brown, 1990). 그러나 1980년대 동안 소규모 사업부문이 많은 서구사회에서 증가했다(Laetf, 1991). 예를 들어, 영국에서 자영업은 10년에 걸쳐 50%정도가 증가했으며(Brown, 1990), 역사적 조류의 이러한 반전은 보수당 정권의 조치가 증가하는 실업과 싸우기 위한 보다 폭넓은 정책의 일환으로서(Curran et al., 1986) 자영업을 장려하는 데(예: 기업수당 계획안) 목표를 두었던 것과 무관하지 않다. 이것은 또한 융통성있는 회사의 성장과 하청업자를 이용하는 전략과 일치하였다(Hakim, 1988). 이것이 새로운 장기적 조류인지 단기적 추세인지를 구별하기에는 너무 이르다.

몰락하는 구중간계급을 '룸펜-부르주아지'라고 묘사한 밀스(1956: 28)를 생각나게 하는 용법으로, 게리(Gerry)는 과다한 임금노동자들이 불안전한 장시간의 열악한 조건과 낮은 수익으로 특징지어지는 자영업으로 이동하는 것이 '의사 프롤레타리아트'의 출현을 대표는 것

이라고 지적함으로써 소규모자본주의 성장의 계급 함축성에 대해
숙고해왔다(1985: 188). 그래서 노동계급의 일부분은 자영업자로 사
라질 수 있으나, 그들의 변화한 계급상황이 이전의 상황과 동등하기
때문에 그들은 착취와 억압으로부터 벗어나지 못한다. 그러나 현재
집합적이기보다 개인적인 이러한 고용상태에서의 변화는 우익정당
을 지원하는 미국과 영국의 경향과 관계가 있다(Bechhofer and Elliot,
1978; Form, 1982). 따라서 신마르크스주의의 소멸이론은 즉각 거부될
수 없다. 몰락하는 구중간계급은 비록 의사적 형식이긴 하지만 팽창
하는 노동계급에 의해 부분적으로 대체되었다.

　대자본과 조직된 노동에 의해 지배되는 계급구조의 '외부'에 위치
하며 그 둘에 의해 위협받는 주변적 계급으로서의 구중간계급의 영
속성은 최근 이 계급의 재생을 예상하는 배경이다(Bechhofer et al.,
1974; Bechhofer and Eliot, 1981). 이 계급의 생존은 재산의 전달, 종속
및 상대적인 부로부터의 탈출에 대한 매력, 사업주기와 기술적인 변
화에 변함없이 수반하는 새로운 기회들의 창출 등과 같은 경제적 힘
과 특히 소규모자본주의가 경제적 기능뿐만 아니라 중요한 이념적
기능을 수행한다고 정부가 인정하는 정치적 힘을 중심으로 설명된
다. 다시 말해서 새로운 기업들을 장려하는 것은 실업의 증가를 완
화하고 국가 예산을 감축하는 이념적으로 건전한 방식이다. 이 주장
은 헨리(Henry, 1982)에 의해 진전된 노동하는 실업자 명제와 일치하
는 것으로 여기서 그는 과잉 노동자들이 '비기록' 생존전략을 채택
함으로써 경기후퇴기에 팽창한다고 생각되는 경제의 비공식부문에
관심을 집중했다. 공식적 혹은 비공식적 기초 위에서 소규모자본주
의의 영속성을 통틀어 생각하면 이 계급에 항구적 주변성을 부여하
는 이론이 된다.

　세번째의 전망은 이것이 구중간계급을 쇠퇴하거나 정적인 비전형적

계급으로 보기보다 팽창하는 본래적 계급으로 간주한다는 점에서 가장 낙관적이다. 더욱이 이것은 가장 최근에 생겨난 이론이기 때문에 시사적으로 그럴싸해 보이는 성격을 갖는다. 기업가적 중간계급이 장래에 더 일반적이 될 것이라는 주장은 어떠한 사회적 경향에 대한 긍정적 설명에 근거한다. 첫째, 제조업으로부터 서비스 경제로의 이행은 자본 집중적이라기보다 노동 집중적인 속성으로 인해 소규모자본주의의 성장에 유리하다(고용연구원: Institute of Employment Research, 1987). 둘째로, 소규모 사업의 성장은 컴퓨터와 같이 한때 상대적으로 비싼 자본을 모든 이에게 사용가능하게 만든 기술적인 변화에 의해 조장되었다(Scase and Goffee, 1982). 세번째로 생활의 질이 소규모 기업 노동자의 경우에 대기업보다 더 낮고 환경적으로도 우호적이라는 주장이 있다(Boissevain, 1984). 네번째로, 부활된 기업 문화의 역사적 맥락에서 소규모 사업은 유행하는 이상이 되었으며 우익정부 정책에 부합하는 이동 기회로 인식된다(Burrows, 1991; Goss, 1991). 마지막으로, 실업에 대한 반응 혹은 관료적 위계제 내에서 노동의 대안으로 협동조합들(즉, 집단 자영업)이 성장한다는 것이다(Cornforth et al., 1988). 이 이론은 현재 모든 종류의 소규모자본주의의 부활이 앞으로도 계속될 것이며, 그래서 구 중간계급은 더 중요한 계급이 될 것이라는 점을 함축한다. 이 견해는 소규모자본주의가 위험한 것으로 널리 알려져 있고, 그래서 '구'중간계급의 지속적 성장을 장담할 수 없다는 사실을 무시하는 경향이 있다(Hudson, 1989).

고용지위에 의해 '단결'될 수 있을지 모르나 계급 상황의 다양성을 담고 있는 계급에 대해 일반화하는 것은 어렵다(Curran and Burrows, 1986). 살펴본 각 이론들은 구중간계급의 서로 다른 측면들에 초점을 맞춘다. 즉, 소멸이론은 이 계급의 보다 취약한 요소인 노동조건을 강조하고, 주변화이론은 그 영속성을 설명하는 요인에 초점을 두며, 탈

주변화이론은 성장에 유리한 요인에 집중한다. 최근의 비교분석이 결론내린 바에 의하면 "자영업 비율의 상승은 그들의 해결책에 기여하는 발전보다는 노동시장의 결함을 반영하는 것 같다"(Bogenhold and Staber, 1991: 235). 이는 영속적 몰락과 무제한적 성장을 배제하는 주변화이론이 이 중간적 계급의 장래에 관한 가장 유망한 이론이라는 것을 암시한다. 확실히 구중간계급의 역사적 쇠퇴는 '최소한 일시적으로' 끝난 것 같이 보인다(Steinmetz and Wright, 1989).

2) 신중간계급

신중간계급은 화이트칼라 피고용인들을 일컫는 것이며, 이 계급 내의 변화에 관한 현재의 논란은 다시 한번 마르크스와 베버의 독창성이 풍부한 계급분석에 대한 공헌으로 거슬러 올라갈 수 있다. 마르크스에 따르면 화이트칼라노동자는 "임금노동자 중 나은 임금을 받는 계급에 속하며," '사무노동의 분화'와 '공공교육의 보편화'로 인하여 이 종류의 노동자의 공급은 증가할 것이며, 그들의 임금은 떨어질 것이다(1974: 300). 마르크스의 '평가절하' 혹은 프롤레타리아화 명제와 대조적으로, 베버는 반대 경향이 우세할 것으로 보았다. 그는 "행정의 관료제화 증가로 전문가 시험의 중요성이 강화되며," 그 결과 "모든 분야에서 교육 증명서 창출에 대한 보편적인 요구는 관청과 사무실 내에 특권 계층을 형성해놓는다"고 주장하였다(1961: 241). 그래서 마르크스와 베버 둘 모두 화이트칼라노동자의 새로운 성장을 지적했으나 그 경향을 다르게 설명하였다.

수치상으로 마르크스와 베버 둘 모두 화이트칼라 집단의 팽창을 정확히 예상하였다. 예를 들어, 1911년에서 1981년 사이 영국에서의 화이트칼라노동자들(예: 전문직, 경영직, 감독직, 사무직)은 취업 인구의 14% 이하에서 43% 이상으로 증가하였다(Routh, 1987). 유사한 변화가 미국에서도 일어났는데, 1900년에서 1980년 사이 화이트칼라노동자들(소유자, 전문가, 경영자, 판매 및 사무직)은 노동력의 17.5%에서 52%로 증가하였다(Gilbert and Kahl, 1987).

핵심적인 질문은 계급구조의 '중간'에서의 이러한 변화를 어떻게 설명할 것인가 하는 것이다. 한 가지 가능성은, 마르크스의 명제는 사무노동자의 계급상황의 쇠퇴로 증명되어졌고, 베버의 명제는 전문직 노동자의 계급상황의 향상으로 확인되었다는 점을 주장하는 것이다(Abercrombie and Urry, 1983). 다시 말해서 마르크스와 베버 둘 모두 옳았다. 신중간계급은 비숙련의 관례적 화이트칼라 분파와 숙련 전문가 분파, 이렇게 두 개의 성질이 다른 집단으로 나눠진 것이다.

브레이버만(Braverman)은 마르크스의 프롤레타리아화의 세 가지 형식 중 사회와 노동 두 가지 형식(제1장 참조)에 대하여 관례적 화이트칼라 직업을 특히 참고하여 언급하였다. 그는 금세기 동안 영국과 미국에서 사무직 노동의 대량 팽창은 사회 내의 육체 및 정신노동 양자의 프롤레타리아화 부분이라고 주장하였다. 그는 사무원의 '기능·권위·보수·임기·고용전망'이 (과거에는: 역자)오늘날과는 대조적으로 "공장노동자보다 고용주에 더 가까웠다"고 주장하였다(Braverman, 1974: 295). 다시 말해서, 사무노동자들의 계급상황은 사무노동의 관료제화·합리화·여성화에 따라 쇠퇴되어왔다.

그의 신마르크스주의 명제를 발전시키면서 브레이버만은 관례적 비육체노동자가 독점자본주의에서 중간계급의 일원이라는 견해에 도전하였다.

> 만약 누군가가 중간계급이나 초기 자본주의의 그 작고 오래 전에 사라진 사무직 계층의 준경영기능을 수백만의 현재 사무노동자들에게 돌린다면 그 결과는 단지 현대사회에 대한 철저한 오해가 될 것이다(1974: 293).

브레이버만의 명제는 수많은 조사연구들을 자극했으며, 노동 및 계급사회학 양쪽에서의 첨예한 논쟁의 초점이 되었다(Littler and Salaman, 1984; Thompson, 1983; Wood, 1983 참고). 현재 논의에 관련하여 가장 적절한 비판은 첫째로, 육체 및 비육체 노동 양쪽의 비숙련에 대한 이론을 알리는 브레이버만의 기능(craft) 시각은 19세기 기능노동의 잘못된 개념을 포함한다는 것이다(Cutler, 1978). 예를 들어, 사무원에 대한 역사적 조사는 빅토리아시대 사무원에 대해 준경영 기능노동자로 묘사하는 것은 사무노동의 좀더 숙련적 측면을 덜 숙련적인 직무를 희생해가면서 선택적으로 강조하였기 때문에 잘못임을 보여준다(Attewell, 1989).

둘째로, 육체 및 비육체 노동 둘 모두 20세기 동안 비숙련화되어 왔다는 브레이버만의 주장은 비숙련화가 한결같지 않은 과정이라는 점을 인식하지 못한 것이다(Penn and Scattergood, 1985: Lowe, 1987). 조사는 또한 브레이버만에 의해 강조된 사무직의 비숙련 과정 외에도, 컴퓨터화 같은 기술적인 변화도 역시 숙련성을 수반할 수 있다는 것을 보여준다(Crompton and Reid, 1983; Gallie, 1491).

세번째, 그리고 관련되는 것으로, 프롤레타리아화에 대한 논의가 "알려지지 않은 전형에 대한 사례 연구를 지나치게 신뢰함으로써 상처받아왔다"고 언급되어왔다(Gallie, 1991: 337).

좀더 대표성있는 전국 인구조사와 다른 자료들을 고찰해보았을 때, 프롤레타리아화 명제의 노동차원에 대한 낮은 평가를 확인하지 못한다(Goldthorpe, 1987; Gallie, 1991). 그러나 숙련도 향상이 비숙련보다 더 일반적이라 할지라도, 갤리(Gallie)의 증거는 "남성이 상당히 큰 범위에서 여성보다 숙련도 향상의 과정으로부터 혜택을 받는다"는 것을 제시한다(191: 343).

마지막 네번째로, 브레이버만은 모든 권력을 가진 자본가계급이

완전히 유순한 노동계급을 지배한다는 지나치게 '결정론적'이고 '일
방적'인 계급에 대한 그의 설명 때문에 비판받아왔다(MacKenzie,
1977). 따라서 그런 계급 균질화 증가이론은 일반적으로는 노동조합
화와 특수하게는 화이트칼라의 노동조합화를 포함하는 계급의식 혹
은 계급행동 양쪽의 다양성을 설명하지 못한다(Price and Bain, 1983;
Hyman and Price, 1983). 다시 말해서, 브레이버만은 마르크스의 프롤
레타리아화의 중요한 세번째 형식, 즉 노동에 대한 낮은 평가에 결부
된 노동자의 정치적 급진화를 고려하는 것을 무시하기 때문에 비판
을 받아왔다.

그러나 관례적 화이트칼라노동자들이 어떤 측면들에서는 프롤레타
리아화 되어왔다는 명제를 발전시키는 데에 있어, 브레이버만은 혼자
가 아니다. 미국의 사회학자인 밀스(1956)와 아르노비츠(Aronowitz, 1974)
는 둘 모두 역사적으로 화이트칼라노동은 기계화·관료제화로 인하여
비숙련화 되어왔다는 점 그리고 그에 따라서 사무실 내의 노동이 공
장에서의 노동과 다를 것이 없게 되었다는 점을 주장했다. 좀더 최근
에 라이트와 싱글맨(Singelmann, 1982)은 최초로 그리고 시험적으로 미
국 전국 자료에 근거하여 프롤레타리아화 경향이 비프롤레타리아화
경향보다 더 두드러졌다는 것을 주장하였다. 하지만 나중 논문들에서
그들은 그 반대의 결론에 도달했음에도 불구하고(Singelmann and Tienda,
1985; Wright and Martin, 1987) 프롤레타리아화 명제 전부를 포기하는 것
은 꺼리는 것 같아 보였다. 그들은 상향등급화 과정이 '핵심 자본주의
국가들'에서 일어나고, 하향등급화 과정이 제3세계에서 일어날 가능성
이 있었다는 점에서 이것은 국내적이기보다 국제적인 경향의 문제라
고 하였다(Wright and Martin, 1987: 23).

영국에서 웨스터가드(Westergaard)와 레슬러(Resler)는 노동에서의 통
제와 상대적 보수에 기초하여 '(남성)하급 사무 및 판매직 피고용인

들'은 금세기 동안 프롤레타리아화를 겪어왔다고 주장하였다(1975: 75). 더욱이 '사무직 계급'의 위치 혹은 사회적 신분 면에서, 1911년 에서 1931년 사이 사무원들은 계급 I 에서 계급Ⅲ으로 좌천되었다 (Hakim, 1980). 이 시기 동안 사무직 노동자들이 그 수에서 세 배로 증 가했으며, 그중 대다수는 여성들이었고 사무노동이 기계화되었으며, 타이프 작업들이 소개되었다(McNally, 1979). 그래서 사무노동의 프롤 레타리아화는 사무노동자들의 여성화와 일치했다. 비숙련노동자들이 점차로 제3세계에서 증가 배치된다는 공간적 분업 주장은 영국의 재 구조화에 관련되어 또한 진전되어왔다(Abercrombie and Urry, 1983).

화이트칼라 프롤레타리아화라는 신마르크스주의의 명제에 대한 하나의 대안은 록우드(1958)의 저술에서 찾아볼 수 있다. 노동·시장 상황과 지위상황 사이의 구별에 기초하여 록우드는 사무노동의 관 료제화 합리화에도 불구하고 육체노동과 비교해볼 때, 남성 사무원 은 여전히 권위·더 나은 보수 및 승진전망 그리고 더 나은 지위에 사회적 물리적으로 더 가깝게 근접되어 있는 상태를 향유한다는 것 을 보여주었다. 그는 비록 사무원이 육체노동자들과 '무재산적 지위' 를 공유하고 있지만, 다른 많은 측면에서 사무원들은 계급 및 신분 구조에서 우월한 위치를 유지하기 때문에 노동 및 사회의 프롤레타 리아화 명제는 기각되어져야 한다고 결론지었다.

브레이버만과는 대조적으로 록우드는 정치적 프롤레타리아화 명제 에 대해서도 언급하였다. 그는 사무직 노동자들의 계급상황상의 변이 들이 계급의식의 커다란 '다양성'과 관련되어 있다는 것을 발견하였다 (Lockwood, 1958: 211). 따라서 록우드는 또한 마르크스주의 허위의식 이 론이 사무직 노동자들에게는 적용되지 않는다고 결론내렸다.

그의 책 원본의 신판에 대한 장문의 후기에서 록우드(1989)는 이후 의 조사에 비춰 사무원들의 계급상황을 재검토하고 다시 한번 관례적 비육체노동자에 관련된 신마르크스주의의 프롤레타리아화이론의 세 가지 형식 모두를 거부하였다. 역으로 그는 계급상황상의 변이들과 계급의식상의 변이들 사이의 연관을 재강조하였고, '다소 누더기 같은' 자료에 기초하여, 두 가지 가능성을 제시하였다. 즉,

> 보다 확고한 것은 어떤 사무직 노동이 프롤레타리아화 되었다고 말할 수 있는가의 범위에 관계없이, 사무직 노동자들의 대다수가 프롤레타리아화를 겪었다고 생각할 근거가 없다는 것이다. 남성 사무원들의 진급기회와 여성 사무원들의 다소간 상당히 빠른 반전은 실은 그렇지 않다는 것을 보증해 준다. 두번째로, 사무직 노동 자체가 합리화와 기계화의 결과로 광범한 '등급하락'을 겪어왔다는 견해는 많은 지지를 확보한 견해는 아니다.
> 사실 새로운 기술의 영향에 대한 가장 자세한 최근의 조사와 사례연구들은 정반대의 결론에 이른다. 즉, 재숙련과 심지어는 기능향상이 가장 일반적인 결과인 것으로 나타난다(Lookwood, 1989: 250).

록우드의 입장에 대한 지지는 골드소르프로부터 나왔다. 그는 "최소한 영국에서는 화이트칼라 프롤레타리아화의 명제가 노동계급 부르주아화 명제처럼 경험적으로 의심스러운 것임이 증명된 것 같다"고 말한다(1972: 355; 또한 Goldthorpe and Bevan, 1977: 312 참조). 좀더 최근에 골드소르프와 에릭슨은 관련된 두 측면에서의 이동자료가 프롤레타리아화 이론에 중요하다고 주장하였다. 즉, "등급이 하락된 직업들이 좀더 앞선 위치로부터 "강제로 밀려난" 개인들에 의해 차지된다는 점과, 이러한 개인이 그 다음에 그러한 직업으로부터 탈출할 기회가 거의 없다는 점 등 두 개의 측면이 보여야만 한다"(1992: 13). 관례적 비육체노동자들에 관한 한, 스튜어트(Stewart, 1980), 마셜(Marshall, 1988) 등과 다른 이들에 의한 조사는 실은 그렇지 않다는 것을 보여준다.

화이트칼라의 프롤레타리아화에 대한 논쟁을 명확히 하기 위해서

는 성 차원이 중심적인 것으로 보인다. 이는 남성들이 탈숙련 사무직 노동을 과잉 대표하는 여성들의 희생 위에 숙련직업의 성장으로부터 혜택을 보는 경향이 있다고 주장되어왔기 때문이다(Crompton and Jones, 1984). 스튜워트 등의 남성 사무원들에 대한 연구에서조차도 '승진기회가 제한되어진 가장 비천한 사무직 일'에서의 여성의 위치와 남성 사무직 진급의 '관례적' 속성은 좋은 대조를 이루고 있다(1980: 94). 유사하게 모든 다른 판형의 프롤레타리아화 명제를 거부한 마셜 등은 "일반 서비스직에 종사하고 있는 여성들은 그들의 일을 육체 피고용인의 그러한 전형과 다소 구별할 수 없게 만드는 관례화된 업무들을 수행할 것"이라고 지적하였다(1988: 136). 그러나 프롤레타리아화 명제의 성(gender) 판형이 유효하다고 주장하려면 여성들이 사무노동의 프롤레타리아화를 겪어왔다는 것을 보여주는 것이 필요할 것이다. 사실 "그들의 충원이 (관례적 행정업무의: 역자)급증과 직접적으로 연결되어 있기 때문에" 그 업무를 맡은 그러한 여성들은 없다시피 하다(Lowe, 1987: 143-4).

그러나 어떤 직종들과 어떤 사람들은(특히, '여성들의 노동') 프롤레타리아화 되어왔고, 이는 기든스로 하여금 "여성들은 어떤 의미에서는 화이트칼라 영역의 최하층계급이다"라고 결론내리게끔 하였다(1979: 288). 그래서 중간계급 하층의 프롤레타리아화에 관한 한 가장 안전한 결론은 주경향은 남성의 숙련화이고 부수적 경향은 여성의 탈숙련화라는 것이다(Abercrombie and Urry, 1983). 이것은 증거가 선진사회들의 직업계급구조를 관통하는 일반적 등급상승의 명제를 뒷받침하긴 하지만, 양극화 과정은 사회들 내부 및 사이에서 일어나고 있는 것으로 보일 것이며, 또한 기술상의 변화와 관련된다는 것을 암시한다(Gallie, 1991 비교). 그래서 프롤레타리아화 논쟁이 비마르크스주의자들에게 유리하게 해결된 것으로 보이는 바로 그때

(Crompton, 1990) 2차 노동시장 특히 임시직화의 성장과 이러한 모든 것이 공장에서는 물론(Gallie, 1991) 주택에서의(Ford, 1989) 양극화를 의미하고, 프롤레타리아화는 복잡하고도 완전히 사라지지 않은 문제라는 것을 암시한다.

신중간계급의 다른 부분은 수적으로 성장했을 뿐만 아니라 지난 세기 동안 그들의 계급상황이 향상되어왔다고 생각되어지는 경영직·전문직 노동자들로 이루어진다. 신중간계급의 이 분파는 양적·질적인 면에서 역사적으로 변형되었음은 의문의 여지가 없으나 (Abercrombie and Urry, 1983; Gilbert and Kahl, 1987; Routh, 1987; Wright and Martin, 1987), 어떻게 이러한 현상이 일어났는가에 대해서는 경쟁적인 설명들이 있다. 카터(Carter, 1985)와 같은 신마르크스주의자들은 자본의 집중과 경영의 중요성의 증가, 그에 따른 계급구조에서의 경영자 역할의 중요성 증가를 언급하는 경향이 있다. 반면 파킨 (Parkin, 1979)과 같은 신베버주의자들은 노동의 전문화, 공식적 자격 요건의 중요성 증가, 그에 따른 계급구조에서의 전문가 역할의 중요성 증가를 지적한다. 신중간계급의 두 요소인 경영적 및 전문적 요소들의 상승을 나타내기 위하여 사용되는 용어가 서비스계급이다(제 2장 참조). 이 개념에 대한 혼합된 지적 계보의 견해에서 보면, 애버크롬비와 어리(1983)가 신중간계급에 대한 신마르크스주의와 신베버주의의 통합된 설명을 마련하기 위해 이 개념을 이용해야만 했다는 점은 전적으로 적절하다.

애버크롬비와 어리의 경우 서비스계급은 상대적으로 특권적인 노동 및 시장 상황에 의해 탈숙련 화이트칼라의 위치들과 구별될 수 있는 신중간계급의 '상층'부라 칭한다는 점에서 신베버주의적 용어로 분석될 수 있고(1983: 118-22), 서비스계급이 "노동에 관련하여 자본에 필수적인 기능인 통제·재생산·개념화의 기능을 수행"하기 때문에 신마르크스주의적 용어로 분석될 수 있다(1983: 112). 전형적으로 이 계급은 자격을 기초로 하여 관료제에 의해 충원된다.

서비스계급 위치에 있는 사람들은 경력을 쌓으며, 권위 및 자율과 같은 모든 연관된 혜택들과 더불어 관료적 위계제상에서 상승함에 따라 보수와 조건의 규칙적인 향상을 향유한다. 서비스계급과 다른 계급들 사이의 관계에 관한 한, 애버크롬비와 어리는 "지식·기술 및 통제가 분리되고 독특한 중간계급 위치들 내에 구체화되는 과정 때문에" 자본은 경영 재조직화와 자본과 노동의 동시적인 탈개인화에 의해 '약화'되어왔다는 점을 암시한다(1983: 132). 그들은 "비록 서비스계급을 잠재적 지배계급으로 보는 것은 옳지 않지만" 이 계급의 힘은 "자본과 노동 양자 특히 노동의 회생 속에서" 발전해왔다고 결론내렸다(1983: 151). 그 주장은 서비스계급이 자본가계급을 대체해왔다는 주장을 바로 딱 멈추게 하였고, 오히려 이 두 계급의 기능들이 "다소 구별할 수 없게 되고 있다"는 점이 주장되었다(1983: 153; 또한 Lash and Urry, 1987 참조).

애버크롬비와 어리의 "서비스계급을 중간에 있는 계급으로 칭하는 것은 점점 더 사리에 맞지 않는다"(1983: 124)는 주장은 골드소르프(1987)가 고위직 피고용인들과 대소유주들을 포함하여 그 용어를 사용하는 것과 유사하다(제2장 참조). 여전히 골드소르프는 서비스계급을 '어떤 형식의 고위기관에 종속적인 계급'으로 묘사하였다(1982: 180). 마지막 지적에도 불구하고, 이들 사회학자들은 서비스계급이 중간적 계급이 아니라 지배계급이라고 제안하고 있는 것 같다. 이 입장을 입증하기 위해서는, 당연히 의심스러운 명제인(이 책 pp.88-91 참조) 자본의 '약화'를 지적하는 것으로 충분하지 않고, 서비스계급 권력의 기초―조직적 및 교육적 자산―가 재산의 권력과 비교될 수 있고, 주식회사의 정점에 다양한 자본가적 위치를 점유하는 사람들 사이에 중첩이 존재한다는 것을 보여주는 것이 필요하다. 후자가 사실인 것이 당연하지만(Scott, 1991), 조직적 문화적 자산들은 계급권력의 원천으로서는 재산에 뒤진다(Savage et al., 1992). 특히 새비지(Savage) 등에 의하여 주장된 바에 의하면, 문화적 자산은 저장될 수 있지만 조직적 환경에서만 실현될 수 있을 뿐이고, 콜린스(Collins)가 일컫는 '인플레이션적 투쟁'(1979: 193)의 대상이 되는 반면, 재산은 이것이 쉽게 축적·저장·전달될 수 있기 때문에 계급형성의 가장 강력한 기초가 된다. 조직자산은 재산이나 자격의 안전성을 갖지 못하나 상당한 보상을 창출할 잠재성을 보유한다.

재산·조직 및 문화자산 사이의 구분은 새비지(Savage, 1992) 등에 의해 개발된 것인데, 그것은 이른바 '서비스계급'의 특징적인 계급상황의 다양성을 드러냈고, 그 주장된 바의 계급통일성과 보수주의에 대한 의문을 불러일으켰다. 골드소르프(1982)는 서비스계급의 구성원들이 그들의 유사한 계급상황과 그들의 고용주들과 선택적 서비스관계에 의해 통일된다고 하였다. 이렇게 해서 그들은 "현상유지에 실질적인 이해관계를 가지며," 그래서 "현대사회 내의 보수적 요소"를 구성한다(Goldthorpe, 1982: 180). 그는 그의 신베버주의적 견해를 신마르크스주의적 견해 및 서비스계급이 경기후퇴에 의해 급진화될 수 있다고 주장한 맬릿(Mallet, 1975)과 굴드너(Gouldner, 1979)와 같은 '새로운 계급' 저자들의 견해와 대비시켰다. 비록 골드소르프는 이러한 가능성에 대해 회의적이지만, 최근의 조사는 사적 부문 통제자들이 공적 부문 통제자들보다 더 보수적인 경향이 있고, 후자는 1980년대 영국에서 공적 지출의 감축으로 급진화되었다는 것을 보여준다(Edgell and Duke, 1986, 1991).

신중간계급에 대한 애버크롬비와 어리(1983)의 분석은 서비스계급과 자본가계급을 구별하는 데에 있어서 보다 여성우위의 관례적 화이트칼라와 남성우위의 전문적 화이트칼라 노동 사이의 경계를 명확히 하는 데 더 도움이 된다. 전문/경영 신중간계급이 지배 서비스계급의 부분이라는 견해에 대조적으로, 새비지(1992) 등은 조직적 자산에 대한 문화적 자산의 이점을, 그리고 그 둘에 대한 재산자산의 이점을 강조한다. 그래서 중간계급의 분파화는 세 가지 중간계급— 기업적·전문적·경영적—의 기초를 제공하는 세 가지 계급자산들— 재산·문화·조직—을 식별함으로써 체계적으로 그리고 명확하게 파악된다. 그러나 자산의 이러한 서로 다른 유형들이 갖는 의미는 역사적·공간적으로 다양하며, 그래서 어떤 시점의 어떤 하나의 사회에서 중간계급 형성의 과정에 영향을 미친다(Savage et al., 1992).

4. 종속적 계급(들)

관습적으로, 종속적 계급들은 노동계급으로 일컫게 되고, 늘 육체 피고용인들로 조작화된다. 어떤 명칭이 붙여지고 어떻게 정의되든지 간에 이 계급은 계급조사의 주요 초점이 되어왔고, 이런 노력의 대부분은 다음 질문에 관련되었다. 즉, 마르크스가 그들의 역사적 역할이 자본주의 생산양식을 붕괴시키고 무계급사회 형식을 세우는 것이라고 주장한 이후 노동계급에 어떠한 일이 생겼는가?

마르크스에 따르면, 혁명적 진보는 산업 자본주의가 가장 발전한 곳에서 일어난다. "산업적으로 더 발전한 나라는 덜 발전한 나라에게 그 자신의 미래의 영상을 보여줄 뿐이다"(1970a: 8-9). 금세기 동안 미국은 주요 자본주의 경제체제를 유지해왔기 때문에 가장 혁명적인 노동계급을 포함하고 있어야 한다. 그러나 미국은 일반적으로 가장 발전한 산업사회이면서 프롤레타리아가 가장 발전하지 못한

것으로 보통 묘사된다(Lipset, 1969). 이 명확한 역설은 독일의 사회학
자 좀바르트(Sombart)가 1906년에 『왜 미국에는 사회주의가 없는가?
』(1976)라는 책 표제의 형식에서 처음으로 질문을 던졌을 때부터 많
은 조사와 논쟁의 주제가 되어왔다. 좀바르트의 출발점은 자본주의
는 사회주의에 이르게 될 것이라는 마르크스의 명제였는데 그는 사
회변동에 대한 마르크스주의 이론의 이 핵심점을 고찰하는 데 미국
은 '고전적 사례'를 제공한다고 생각하였다(1976: 15). 좀바르트는 사
회주의의 증거를 찾아보았는데, 미국의 사회주의 정당에 대한 지지
가 거의 없음을 발견하였다. 그는 또한 미국의 노동계급이 개인적·
조직적으로 '도구적 적응성'을 갖고 '대립 의식'이 빈약하다는 점에
서 '기업정신'에 의해 지배받는다는 것을 발견하였다(1976: 17,
21-22). 좀바르트는 유럽과 대조적으로 "미국에는 사회주의가 없다"
고 결론지었다(1976: 23). 이 결론은 좀바르트로 하여금 토크빌
(Tocqueville, 1948)에 의해 반세기 이상 이전에 처음 언급된 바 있는
미국의 예외주의에 대한 문제와 나아가서 다음과 같은 질문을 제기
하게끔 하였다. "미국 혹은 유럽은 미래의 땅인가?"(1976: 24)

　미국 노동계급의 보수주의에 대한 좀바르트의 설명은 그가 유럽
의 특히 독일 노동자들의 상대적인 빈곤에 대비하여 미국 노동자의
상대적인 풍요를 강조하였기 때문에(1976: 62-106) '불고기와 사과파
이(roast beef and apple pie)'이론이라고 불려질 수 있을 것이다. 하지만
그는 또한 광범위한 지역적 및 전국적 민주화(1976: 29-32), 기성 정
당들의 우세(1976: 33-44), 민족성·인종·지역들과 같은 비계급적인
사회적·정치적 분파(1976: 49-51), 애국심(1976: 19, 106), 봉건제도의
부재(1976: 109), 계급간의 최소한의 사회적 거리(1976: 110) 그리고
마지막이지만 중요한 상승 사회이동의 가능성과 그 이데올로기를
만들어내는 데 있어서의 열린 국경의 역할(1976: 115-118)을 언급하

였다. 좀바르트는 미국의 노동자가 "그의 정치적 위치와 경제적 상황, 정부의 급진 민주주의 체제, 안락한 생활 수준 등의 결과"로 "유럽의 노동자보다 훨씬 더 유리하다"(1976: 109)고 언급함으로써 그의 이론을 요약하였다. 다소 놀랍게도 그의 짧은 책의 주요 논지라는 견해에서, 좀바르트는 그의 연구 끝 부분에 다음과 같이 주장하였다.

> 여태까지 미국에서 사회주의의 발전을 방해해왔던 모든 요인들은, 다음 세대에 미국에서는 사회주의가 필시 그 매력의 최대한의 가능한 팽창을 경험하게 될 것임으로 해서 사라지거나 반대 방향으로 전환될 것이다(1976: 119).

그러므로 좀바르트는 마르크스의 경제적, 정치적 논리를 받아들였고, 미국은 '사회주의가 자본주의의 뒤를 따르게 된다'는 명제에 당연한 순서를 밟아 순응하게 될 예외적인 사례라고 주장하였다.

미국의 예외주의에 관련한 현재의 논쟁은, 의심할 것 없이 좀바르트의 독창적 연구의 첫번째 영어 완역판의 출판과 허즈번즈(Husbands: 두 번역자들 중 한 사람)에 의한 문맥상의 요약에 의해 자극되었고, 쇠퇴의 기미를 보이지 않는다(Bottomore, 1991; Piven and Cloward, 1982; Ross, 1991; Shafer, 1991 비교). 더욱이 미국이 점차 증가하는 급진적 노동계급에 대한 마르크스의 기대를 충족시키지 못한 유일한 선진 산업자본주의사회가 아니라는 주장은(Katznelson, 1981) 미국사회 계급구조의 지목된 특성에 대한 보다 세밀한 재고찰을 이끌었다.

배너먼과 캐논(Vanneman and Cannon, 1987)은 미국에 관하여 예외적인 것은 노동계급의 제한된 계급의식이라는, 관습적 지식의 초석들 중 하나에 도전하였다. 첫째로, 그들은 미국의 노동운동이 상대적으로 작을지는 몰라도(현재, 영국에서는 취업자의 약 2/5가 노동조합원인 반면에 미국에서는 약 1/5 이하가 노동조합원이다), 이것이 미국이 계급갈등에서 자유로운 지대이라는 것을 의미하지는 않는다고 주장하였다. 그들은 미국에서의 파업이 다른 산업자본주의사회들에 비해서 더 장기간이며 폭력적인 경향이 있다고 주장하였다. 두번째로, 그들은 미국에서 양대 정당은 둘 모두 자본의 이익을 대표하고 있고 좌익정당의 결여가 노동계급의 예외적인 높은 수준의 투표불참과 무관하지 않다고 주장하였다(제6장 참조).

세번째로, 하위 화이트칼라노동자들을 포함한 노동계급의 정의에 기초하는, 미국 및 영국의 백인 남성 피고용인 및 여성 피고용인(혹은 그 '가장'이 경제적 활동을 하는), 노동자들 사이의 계급인식에 대한 비교분석은 두 나라의 노동계급의 계급의식에 거의 차이가 없다는 것을 증명하였다. 마지막 네번째로, 그들은 "일반적으로 미국의 정치와 계급갈등에 대해 예외적인 것은 미국자본의 엄청난 힘이다"라고 주장하였다(Vanneman and Cannon, 1987: 167). 예를 들어, 지루한 노동-자본 갈등에서 "자본은 저항할 재정적 자원을 갖고 있기 때문에 일시적으로는 지더라도 거의 지는 일이 없다"(Vanneman and Cannon, 1987: 295). 그들은 미국의 노동계급의 제한된 효율성을 계급의식의 부족으로 돌리는 것은 잘못이라고 결론내렸다. "희생자를 비난하는" 대신 그들은 "가장 계급의식이 있는 프롤레타리아일지라도 강력하고 통일된 지배계급을 쉽게 극복하지는 못할 것"이라고 하였다(1987: 14). 그래서 베너먼과 캐논은 특징적인 것은 미국 프롤레타리아트의 계급의식이 아니라 '미국 자본의 힘'이라는 것을 강조하였다(1987: 291).

베너먼과 캐논은 미국의 특수성에 관한 좀바르트의 견해를 확실히 했지만, 그들은 "아메리칸 드림은 그것이 안락과 풍요의 비전을 포함하는 한, 계급갈등의 추이에 크게 관계가 없다"(1987: 278)는 그의 핵심적인 경제적 설명은 거부하였다. 더욱이 그들의 결론은 좀바르트와 이후 많은 다른 사회학자들이 진전시킨 견해에 모순될 뿐 아니라, 그들 분석의 주안점은 전통적인 계급조사연구의 초점이 뒤집혀져야 한다는 것을 시사한다. 달리 말해서, 노동자들이 그렇다고 지목받는 것처럼 계급의식의 결여상태에 놓여 있음을 비난하기보다 필요한 것은 "미국 사회의 가변적 면모로서의 자본의 힘에 대한 평가이다"(Vanneman and Cannon, 1987: 292).

이 도전적인 이론은 자본가계급의 힘에서의 비교적인(예: 역사적·국제적) 변이의 문제를 직접적으로 거론하는 연구가 거의 이루어지지 않아왔기 때문에 오늘날 다소 사변적이다. 하지만 대처 수상 재임 10년간 영국에서의 계급의식과 행동에 대한 최근의 연구는 베너먼과 캐논의 기본적 접근을 폭넓게 뒷받침한다(Edgell and Duke, 1991). 이 패널연구는 자본과 노동 사이의 힘의 균형이 대처주의하에서 자본의 편으로 기울었다는 것을 발견하였다. 지배계급과 종속적 계급 사이의 관계상의 이러한 역사적인 변화에도 불구하고, 특히 노동자들과 공적 부문 경영자들 사이에 급진적 가치들이 지속되고 있는 데 대한 많은 증거들이 있었다. 이 연구는 "1980년대 동안 무재산계급들의 상대적으로 순종적인 성격은 대량실업, 노동조합법상의 변화 그리고 공공 부문 고용의 쇠퇴와 무관하지 않다"고 결론내렸다(Edgell and Duke, 1991: 213).

미국의 노동자들이 다른 선진사회의 노동계급들만큼 계급의식이 있고 계급행동적이라는 그들의 이론을 발전시키는 과정에서, 베너먼과 캐논은 계급과 사회변동에 관계된 두 가지 다른 문제들, 즉 부르주아화와 이데올로기적 결합에 대해 또한 논평하였다. 널리 의심받는 부르주아화 명제에 관하여 그들은 영국에서 골드소르프(1968, 1969) 등에 의해, 미국에서 해밀턴(Hamilton, 1972)에 의해 발전된 비판들과 일치하였다('풍요한 노동자 프로젝트'에 대한 평가를 위해서는

Blackburm and Mann, 1979; Devine, 1992; Grieco, 1981; Kemeny, 1972; Mackenzie, 1974; Westergaard, 1970 참조).

베너먼과 캐논은 풍요가 차이를 낳는다는 생각은 "지위와 권력을 혼동하는" 것이고 지위 혹은 생활양식상의 변화가 노동자의 종속적인 계급상황을 바꾸지 못한다고 주장하였다(1987: 275).

이데올로기의 역할에 관해서 보면 베너먼과 캐논은 계급의식과 행동에 관한 그들의 자료에 입각해서 노동계급에 관련한 지배이데올로기 명제에 대해 회의론을 표명했다. 그들은 "이데올로기적 헤게모니가 지배계급의 내적 응집력과 중간계급 같은 밀접히 연합된 집단들에 대한 영향력을 일컫는 한, 그것이 미국 자본주의의 어떤 원상 회복력을 설명할지도 모른다"는 점을 시사하였다(Vanneman and Cannon, 1987: 307). 위에서 지적된 바와 같이, 영국의 상황에 대한 고찰에 따라 애버크롬비(1980) 등은 유사한 결론에 도달하였다. 그들은 후기 자본주의에서 노동계급의 이념적 결합이 과장되어왔으며, 경제적 "강제가 체계통합과 종속문화의 요소로서의 실용적인 무관심의 중요한 조건으로 남아 있다"고 주장하였다(1980: 154). 에젤과 듀크는 그들이 대처주의에 의해 만들어진 정치적·경제적 변화가 "자본가계급에 의해 신봉되는 지배가치들을 강화하였다"(1991: 212)는 점을 발견했다는 의미에서 밴어맨과 캐논의 노선을 또한 지지한다.

마지막으로 베너먼과 캐논의 미국연구는 미국에서 계층연구의 전통이 "계급이라는 용어보다는 널리 퍼지고 무비판적인 사회 경제적 지위라는 용어의 사용"에 의해 지배되어온 반면, 이 연구는 사회계급과 직업적 위신 사이의 구별에 의해 이루어졌다는 점에서 색다르다(Walters, 1991: 142). 가장 중요한 것으로 베너먼과 캐논은 직업적 지위가, 특히 남성의 경우에, 그들의 세 가지 계급변수들(권위, 정신노동, 자영)보다 '계급인식'에 덜 영향을 미친다는 것을 발견하였다(1991: 91).

그래서 베너먼과 캐논의 연구에서 지배계급은 모호하거나 무시되기는커녕 관심의 초점이 된다. 그런 까닭으로 해서 많은 다른 이들과는 대조적으로 그들은 비마르크스적 계급개념을 사용하여 마르크스 이론을 시험했다는 비난을 받을 수 없다(Edgell and Duke, 1986).

마셜 등은 라이트(1985), 베너먼과 캐논(1987), 에젤과 듀크(1991) 등에 의해 시도된 것과 같은 개인적 계급의식에 관한 모든 연구들에 대해 비판적이다. 그 연구들이 계급의식은 '개인적이라기보다 조직적 속성'이라 주장하기 때문이다(1988: 193). 이러한 계급의식의 재개념화는 문제성이 있는 것이다. 줄잡아 말하더라도, 개인의 계급의식과 조직의 행동은 관련된 현상이라 할지라도 구별되는 것인데, 그 연구가 의식과 행동을 동등시하는 경향이 있기 때문이다(Evans, 1992). 계급의식은 분해될 필요가 있고, 단일한 개념인 것처럼 연구될 필요가 없다는 점이 또한 제안되었다(Edgell and Duke, 1991: Evans, 1992).

영국은 계급분화적 사회이며(Marshall et al., 1988 비교), 미국은 그렇지 않다는 점에서 예외적이라는 인정된 지식은 국가 교차자료의 기초 위에서만 의미있게 평가될 수 있다(Lipset, 1991). 그러한 자료가 없는 상황에서 보면 다른 나라들이 발전하고 '미국화'됨에 따라 미국은 덜 예외적이 될 것이지만 결코 예외적이지는 않을 것이라는 립셋의 주장은 널리 전파되는 경향이 있을 것이다.

5. 최하층계급에 대한 노트

이데올로기적 의미를 담고 있는 용어인 '최하층계급'이라는 용어는 영구적 또는 불규칙적인 경제적 비활동성으로 인해 가난이 지속되는, 경제적 변화보다는 궁핍의 주기나 빈곤의 문화에 주로 기인해서 지속적으로 가난한, 계급구조의 밑바닥에 위치한 사람들을 묘사하는 데 자주 사용된다(Bagguley and Mann, 1992; Macnicol, 1987; Morris, 1989; Pahl, 1984). 경제적인 활동에 초점을 두는 계급연구들은 정의상 최하층계급을 계급분석에서 배제하고 이 '계급'이 '사회' 밖에 있음을 암시한다(제3장 참조). 그러나 마르크스와 베버 두 사람에게 있어서, 최하층계급은 계급체계의 빠뜨릴 수 없는 부분이었다.

마르크스는 최하층계급을 '상대적 과잉 인구' 혹은 '산업예비군'이라 일컬었고, 계급구조 한끝의 자본축적은 다른 한쪽 끝의 가처분 노동력의 성장에 의존한다고 주장하였다(1970a: 632-633, 644-645). 즉 부와 빈곤은 같은 동전의 양면이며, 최하층계급은 경기순환의 일시적인 증상이 아니라 자본주의의 영구적 양상이다. 베버에게 있어서 최하층계급은 '부랑자', '수혜계급', '빈민' 등을 포함하는 특전을 못 받는 불리한 계급이고, 그들 중 몇은 인종지위의 기초에서 차별을 경험할지도 모른다(1964: 425; 1961). (마르크스적)노동시장 요인들과 (베버적)문화적 특성들이 일치하는 곳에서, 최하층계급이라는 용어는 도심의 흑인 인구집단과 동일시되는 경향이 있다. 이런 현상은 미국에서(Auletta, 1982) 그리고 어느 정도 영국에서(Rex and Tomilnson, 1979) 두드러질 정도로 발생되어왔다. 그러나 이 견해는 인종집단 내에 계급조건상의 변이가 거의 없다는 것(Brown, 1984)을 의미하며, 여성가장의 편모 가족과 빈민 노인의 증가를 무시하는 것이고(Field, 1989), '생태학적 오류로 향하는 경향', 즉 생태학적 상호관계를 개인적 상호관계 지침으로 잘못 다루는 경향인 것이다(Bagguley and Mann, 1992: 115).

대안적 명제는 "최하층계급이 의미있는 시장위치를 결여하기 때문에 이것은 계급이 아닌 사회적 범주로 가장 잘 개념화된다"(Heisler, 1991: 476)고 주장한다. 최하층계급에 대한 이러한 접근방식은 사회적 주변성(즉, 시민권 요소)과, 최소이며 불균등한 노동시장의 힘(즉, 계급요소)을 혼동하는 경향이 있다. 이 접근방식은 또한 빈부의 상호연결성(즉, 최하층계급의 가처분 노동력 역할)과 이 계급구성원들이 폭동을 일으키는 역사적 경향(즉, 폭력에 의한 집단 교섭)을 간과하는 경향이 있다. 더욱이 경기후퇴·사회복지 지출 감축·산업조직의 축소 등에 기인한 미국과 영국에서의 최하층계급의 성장은, 그것이 선진 자본주의사회들의 계급구조의 정상적 특성이라는 점을 암시한다. 그래서 최하층계급은 다른 모든 계급들과 같이 이동하는 가변적 규모의 인구로 특징지어지지만, 그 빈곤의 면에서 특징적인 노동계급의 불완전 고용 및 비고용 부분으로 간주하는 것이 확실히 더 건설적이라고 논할 수 있다.

6. 요약과 결론

신마르크스주의와 신베버주의의 계급이론을 혼합 사용하면서, 이 장은 세 개의 주계급묶음들 ─ 대재산 소유자인 '지배계급', 소재산, 조직적 그리고/또는 문화적 자산에 근거한 이질적이고 팽창하는 '중간적 계급', 육체노동력을 파는 능력과 거기에 더해 다소간에 어느 정도 국가에 의존하는 분화되고 필시 축소되는 '종속적 계급' ─ 을 고찰하였다. 미국 및 영국과 같은 산업자본주의사회의 계급체제의 기본구조는 20세기 동안 똑같은 그대로 남아 있지만, 기본구조를 구성하는 계급들 내부 및 사이에 몇몇 중요한 변화가 있었다.

가장 작지만 가장 강력한 계급인 자본가계급은 개인 자본상의 쇠퇴와 비개인적 소유권 형식의 성장을 경험해왔다. 이것이 이 계급을 확인하는 것을 더 어렵게 하지만, 이 계급이 더 이상 존재하지 않는

다거나 덜 강력하다는 것을 의미하지는 않는다. 중간적 계급은 팽창하고 분화하였다. 유재산의 구중간계급은 쇠퇴하였으나 소멸되는 기미를 보이지는 않으며, 무재산의 신 전문 및 경영 분파들은 수와 중요성의 면에서 팽창하였으나 지배계급의 권력을 찬탈하지는 못했다. 관례적 화이트칼라노동 역시 팽창하였으며 점차 여성에 의해, 그리고 경력의 시초에 있는 남성에 의해 담당된다. 이들 노동자들의 계급위치는 신마르크스적 및 신베버적 설명 양쪽이 블루칼라 직종의 남성과 관례적 화이트칼라 직종 여성이 노동과 시장상황 면에서 점점 닮아간다는 점을 고려함으로써, 점점 더 논쟁의 문제가 되지 않는다.

이 점에 대한 수렴의 정도는 다음 인용구로부터 판단될 수 있다.

> 대다수의 화이트칼라 피고용인들은 특히 사무직 및 비서직 피고용인들은 그 직종에 대해 기껏해야 하찮은 자율을 갖고 있으며, 따라서 이들은 노동계급 내에 위치되어야만 한다는 것이 거의 확실해 보인다(Wright, 1978: 81).
> 관례적 사무직 여성들은 육체임금 노동직 남성들이 생산 조직체 내에서 사소하거나 기껏해야 엄격히 한계지워진 자율과 책임을 갖고 본질적으로 종속적인 위치를 점한다는 점에서 육체임금 노동직 남성들과 아주 밀접하게 대비할 만하다(Goldthorpe, 1984: 495).

무엇보다도 이 관점은 육체와 비육체 노동 사이의 구별의 중요성이 쇠퇴하고 있음을 강조한다. 이것은 또한 현대 자본주의사회들에 관한 한 그렇지 않았으면 믿을 수 없는 프롤레타리아화 명제의 제한적 판형이 특히 여성 노동자들에 관련해서는 여전히 살아남을 수 있을지도 모른다는 것을 암시한다. 그러나 이것은 사소한 경향으로 볼 수 있으며, 사실 노동은 직업구조를 관통하여 상향등급화되어 왔다. 이 양극화는 이차 노동시장이 팽창하고 이에 결부된 고용조건(안전·전망·보수를 포함한)이 악화됨으로써 점점 더 명확해질 수 있을 것이다. 종속적 계급의 경우에는 이 계급이 마르크스의 기대를 충족시키고 혁명적 변동을 초래하지 못했다는 것이 노동계급의식의 결핍이라기보다는 특히 미국에서는 자본가계급의 힘을 반영하는 것이라는 점이 주장된다. 노동계급의 이데올로기적 통합과 부르주아화의 상호연관된 명제들은 이론적·경험적으로 근거가 불충분한 것으로써 거부되었다. 마지막으로, 제한된 시장능력과 그로 인한 빈곤으로 특징지어지는 최하층계급 권력은 팽창하고 있으며, 주로 도심에 거주하면서 인종적 단점과 간헐적인 폭력적 항의에 관련되어졌음이 발견되었다.

서술적인 수준에서 일단 마르크스주의 역사이론이 폐기된다면 신마르크스주의와 신베버주의 계급분석가들 사이에 합의가 생겨날 것으로 보일 것이다. 경제적 중요성의 순서에 따라 계급권력의 두드러진 세 원천이 있으며, 그로 인해서 세 개의 주계급이 있다. 즉, 자본의 소유에 근거한 지배계급, 교육적, 조직적 자산의 취득에 근거한 중간적 계급, 육체노동력의 소유에 근거한 종속적 계급. 그러나 이들 세 계급모형의 응집성은 식별된 계급들이 어느 정도 안정적인 사회적 구성물들인가에 따라서 이동의 유형화에 그리고 어느 정도 계급들이 경제적 보상과 정치적 우선권을 구축하는 데 관계되는가의 정도에 크게 의존한다. 이 문제들은 다음의 두 장에서 고찰될 것이다.

제5장 계급과 사회이동

1. 서론

사회이동은 서로 다른 계급들 사이에서의 사람들의 움직임을 말한다. 계급구조의 위계제적 속성은, 신마르크스주의의 것조차도, 계급향상을 상승이동으로 그리고 계급저하를 하강이동으로 정의하는 것이 가능하다는 것을 의미한다.

마르크스(와 엥겔스)는 상향 및 하향 사회이동 양자의 정치적 함축성에 관심을 가졌다. 후자에 관하여 그들은 "중간계급의 하층은 … 점차 프롤레타리아트로 전락하고," 프롤레타리아트는 "스스로 상승하고" 부르주아를 무너뜨린다라고 썼다(1848: 62, 69-70). 상승이동의 정치학에 관해서 마르크스는 신용의 팽창으로 "재산은 없으나 정력, 견실성, 재능과 사업수완을 가지고 있는 사람은 자본가가 될 수 있다. … 지배계급이 피지배계급 제1인자의 마음을 포용할수록 그 지배는 더욱 더 안정적이면서 위험하게 된다"고 지적하였다(1974: 600-601). 흥미롭게도 마르크스와 엥겔스는 미국에서의 사회이동의 양에 대해서도 논평하였다. 1882년에 마르크스는 "계급들은 이미 존재하나 아직 고정되지는 않았고, 끊임없이 계속되는 흐름 속에 끊임없이 변화하고 계급요소들을 교환한다"고 썼다(1972: 18-19). 유사하게 『영국 노동계급의 조건』의 미국판 서문에서 엥겔스는 "값싼 땅의 소유에 대한 용이한 접근과 이민의 쇄도"로 인한 상향 사회이동의 '안전판' 역할에 주목하였다(1962: 6).

베버의 사회이동에 대한 관심은 동부독일의 농장노동자들 사이에 일어나는 상향 사회이동의 기회에 대한 그의 초기 연구에서 명백해졌다. 그는 독립에의 욕구가 순전히 '경제적인 고려들'보다 더 중요하다고 결론내렸다(Bendix, 1960: 46). 비경제적인 힘들의 역할과 독일에서의 카톨릭과 신교도의 차별적 사회이동에 대한 이러한 강조는 신교도 윤리와 자본주의 정신 사이의 관계에 대한 그의 유명한 명제의 출발점이었다. 다시 한번 베버는 "이러한 차이에 대한 으뜸가는 설명은 그들의 일시적인 외적 역사-정치적 상황들뿐만 아니라 그들의 종교적 믿음의 영구적 본질적 성격에서 찾아져야만 한다"고 하였다(Weber, 1976: 40).

사회이동에 대한 베버의 관심은 다음과 같은 그의 언급에서도 또한 알아낼 수 있다.

> 1. "개인적 기초 혹은 세대 경로상에서 계급들간의 개인들의 상호교환이 쉽고, 이를 전형적으로 관찰할 수 있는" 계급들의 수(1964: 424).
> 2. "한 세대에서 다음 세대에 이르기까지 숙련·반숙련노동자들에게 있어서 가장 쉬운 이용가능한 승급 경로는 기술적으로 훈련된 개인들의 계급으로의 길이다"라는 그런 흐름(1964: 427).
> 3. "직업적 구조를 연구하는 데에 있어서 언제나 중요한 것은 다른 계급들 내의 기회 배분과 특별한 훈련을 필요로 하는 다양한 유형의 직업들을 위해 이용가능한 교육의 유형들을 포함하여 사회계층의 체계를 아는 것이다"는 제안(1964: 251).

비록 마르크스와 베버가 직접적으로나 포괄적으로 사회이동을 논의하지는 않았다 하더라도 그것은 그들 각각의 계급분석에 들어 있다. 마르크스의 경우에 골드소르프(1987)는 마르크스의 계급형성과 행동이론에 대해 이동의 중요성을 지적하였다. 유사하게 베버의 사회계층, 직업적 구조 그리고 문화적 가치들에 대한 분석에서 이동은 중요한 주제였다고 논할 수 있다.

마르크스와 베버 두 사람의 영향은 러시아 태생 미국인인 소로킨(Sorokin, 1964)에 의한 사회이동에 대한 최초의 현대적 연구에서 명백하다. 이 책은 1927년에 처음 출판되었고, 마르크스의 계급이론을 거론하기 위해서 사회이동에 대한 본질적으로 신베버주의적 접근을 채택하였다. 보다 구체적으로 소로킨은 경제, 직업 및 정치적 계층을 구별하고 "세 가지 형식의 계층 사이에 상호관계는 완벽하지 못하다"라고 주장하였다(1964: 12). 그러나 그는 사회계층에 대한 베버의 공헌을 인용하지 않고 마르크스의 계급과 영국 및 기타 여러 사회들에서부터의 경험적 자료에 기초하여, 마르크스의 양극화와 프롤레타리아화 명제에 관한 한 "실질적으로 그의 모든 예언은 빗나갔다"(1964: 45)고 주장하였다. 그러나 마르크스의 증가하는 경제적 분화가설이 '오류'임을 주장한 것 외에도, 소로킨은 대립적 관점, 즉 '현저하고 끊임없는 경제적 평등화의 경향'이 있다는 것도 또한 거부하였다(1964: 45). 그는 "경제계층이 증가하지 않았더라도 하여간 그것은 감소하지도 않았다"고 주장했으며, 따라서 그는 '무경향의 파동이론'을 지지하였다(1964: 46). 소로킨은 "오늘날의 수직적 사회이동이 과거보다 훨씬 크다는 것은 … 아직 검증되어지지 않은 단순한 믿음일 뿐이다"라는 가정에 의해 설득당하지 않았다(1964: 154-155).

소로킨의 방법은 이동에 대한 어떠한 대규모의 조사 없이 당시 이용가능한 많은 소규모 연구들을 고찰하고 미네아폴리스시의 서로 다른 사회 집단들에 대한 그 자신의 자료로 보충하는 것이었다. 그의 많은 구체적 결론들 중에, 첫째로, 그는 가족 배경이 여전히 사회적 배치에 있어서 한 요인이기는 하지만, 학교의 사회적 기능이 교육제도의 기능으로부터 '시험·선발·배치 기관'으로 바뀜으로써 교육이 더 중요해졌다고 주장하였다(1964: 188).

둘째로, 소로킨은 상당한 직업적 상속과 안정성의 증거를 발견했지만, 다음과 같이 주장하였다.

현재 서구사회들 내에서, 직업적 지위의 전달은 모든 직업적 집단에서 100%에 훨씬 못 미치는 것 같다. 그 최대치는 약 70%이고, 최소치는 약 3~10%인 것으로 보인다(1964: 419).

소로킨은 직업의 부자간 전달의 평균을 20%에서 60% 사이를 왔다갔다하는 것으로 계산했으며, 그래서 직업 전달은 직업에 따라 상당히 다양함을 암시했다.

세번째로, 소로킨은 자료의 부족, 역사적으로 감소하는 농업인구에 대한 강조 그리고 미국 백만장자에 대한 그의 연구에 의해 마련된 반대증거를 고려하여, 직업적 지위상속이 명확히 감소하는 경향이 있음을 조심스럽게 주장하였다(1964: 424).

네번째로, 현 서구사회들에서 남성의 직업간 및 직업 내의 수직적 이동의 양을 고려하여, 소로킨은 "몇몇 나라들이 보여주는 모습들은 세부적인 면에서 다소 다양하지만 본질적으로 이것은 미국의 그것과 유사하다"(1964: 443)라고 결론내렸다. 이 요점은 미국이 두드러지게 높은 사회이동률을 보인다는 좀바르트의 관점(제4장에서 논의되었음)과 모순된다.

다섯번째로, 이동의 정치에 관하여 소로킨은 직업적 상속이 가장 일반적인 양상이기 때문에 "계급투쟁의 도당은 그들의 이론과 열망에 대한 이유를 가질 만하다"라고 주장하였다(1964: 439). 그러나 소로킨은 또한 계급구성이 "최소한 부분적으로는 유동적, 가변적이며 불안정적"이기 때문에 "현재의 경제적 계급들을 세습적으로 부유하다거나 세습적으로 가난하다고 묘사하는 것은 정확하지 못하다"라고 언급하였다(1964: 478). 그래서 소로킨은 이동이 "혁명적 도당으로부터 그들의 가능하고 능력있는 지도자들을 빼앗음"으로써 사회안정을 향상시킬 수 있지만(1964: 533-534) 이것은 "이동사회의 개인·집단·도당들"이 상승이동을 이루기 위해 싸움으로써 사회질서를 또한 훼손시킬 수 있다(1964: 535)고 판단하였다. 더욱이 그는 공황에서 "고통받는 대중들이 그들의 상황을 받아들이지 않고," "싸움의 합법적 형식이 실패했을 때" 폭력과 혁명에 의지할 수 있다(1964: 535)고 주장하였다. 이러한 측면에서 소로킨은 머턴의 일탈이론에 중심이 되는, 합법적인 문화적 목표를 달성하기 위해 비합법적 수단을 사용하는 데 대한 머턴(1968)의 분석을 예기하였다. 소로킨이 하버드대학에 사회학과를 설립하였고, 머턴은 같은 기관에서 그 밑에서 공부했었기 때문에 이것은 놀라운 사실이 아니다(Allen, 1963; Coser, 1977).

그래서 소로킨의 광범위하고 선구적인 이동에 관한 사회학적 연구는 그가 현대사회를 본질적으로 이동적이고, 따라서 '효율적'이라고 본 점에서 신마르크스주의적이라기보다 신베버주의적이다(1964: 532). 하지만 그는 '몰락한 귀족'과 밑에서 치고올라오는 '세습적 프롤레타리아트'와의 '폭발적' 결합으로 인한 혁명의 가능성을 인정하였다(Sorokin, 1964: 372, 439).

모든 그의 주요 도표들과 상세한 하위 표제들에서 볼 수 있듯이(예: 제17장) 소로킨이 개인이라 칭할 때 남성을 의미한다는 것을 언급하는 것은 중요하다. 여성들은 결혼적 이동맥락에서만 간단히 언급될 뿐이다(1964: 179). 따라서 소로킨은, 초기 미국사회학자들이 베

블런의 현저한 예외는 있지만(Edgell, 1987), '남성 우월주의자'라는
일반화를 확인해준다(Schwendinger and Schwendinger, 1971: 783). 만약
소로킨의 연구가 거의 배타적으로 남성이동보다 여성이동에 대한
것이었다면, 틀림없이 그의 책의 표제는 이러한 사실을 반영했을 것
이다.

　　사회학에 있어서의 성차별은 최근에 들어서야 도전받았지만 그다
지 변하지 않았다(Abbott and Wallace, 1990). 사실상 여성이 남성보다
더 두드러진 유일한 사회학 전공분야는 가족사회학이고, 이것은 "결
국 역의 성차별주의가 되고, 더 정확하게는 아내의 가족사회학이라
고 불려온다"(Safilious-Rothschild, 1969). 아래에서 명확해지겠지만, 후
기-소로킨의 영국과 미국의 모든 주요 이동연구들은 비록 그 연구들
의 제목에서 전형적으로 명확하게 나타나지는 않지만, 남성이동에
집중되어왔다(예로 Blau and Duncan, 1967; Glass, 1964 참조). 그러므로
남성과 여성이동은 따로 따로 고찰될 필요가 있는 것이다.

2. 현대의 남성 사회이동

　　1945년 이후 영미 사회학에서 최초의 주요한 사회이동에 대한 국
가간 교차연구는 미국에서 이루어졌는데, 국가간 교차자료의 이차적
분석과 캘리포니아 오클랜드에서의 이동에 대한 경험적 조사를 결
합하였다(Lipset and Bendix, 1959). 미국에서 로고프(Rogoff, 1953)와 영
국에서 글래스(Glass, 1964)에 의해 착수된 것을 포함한 전국적 조사
의 분석에 기초하여 립셋과 벤딕스는 산업화가 고도의 이동을 낳았
다고 주장하였고, "사회이동의 전체적인 양상은 여러 서구 국가들의
산업사회들에서 같은 것으로 보인다"고 결론내렸다(1959: 13). 그 이

후 이것은 립셋-제터버그(Lipset-Zetterberg 혹은 LZ)명제로 알려지게 되
었다(Zetterberg는 이 일반화를 진전시킨 첫번째 논문의 공동필자였다. Lipset
and Zetterberg, 1956 참조).

　이 명제는 육체/비육체 경계를 가로지르는 철저히 수직적인 남성
의 이동률에 근거한 것이고, 역사적 이동경향들에 대한 소로킨의 신
중함과 대비된다. 그러나 어떠한 다른 측면들에서는 립셋과 벤딕스
의 이동 연구는, 예를 들어 교육의 선택 기능과 계층에 대한 다차원
적 접근의 채택을 했다는 점에서 상당히 소로킨의 전통 속에 있었
다. 소로킨의 연구와 립셋과 벤딕스의 연구 사이의 두드러진 단절은
후자가 이런 구별에 대해 많은 단서를 붙였음에도 불구하고 그들이
상승이동으로 정의한, 육체에서 비육체직업으로의 이동에 집중했다
는 것이다. 연구의 시초에 그들은 "물론 많은 화이트칼라 위치들이
수입과 위신에서 높은 수준의 숙련육체노동보다 낮다는 것이 사실이
다"라는 점을 시인하였다(Lipset and Bendix, 1959: 16). 그러나 그들은
"이런 보수가 빈약한 화이트칼라 위치들의 대부분은 여성들에 의해
차지되고, 남성 화이트칼라노동자들은 대개 고위 감독 직책을 확보
할 수 있다"는 점을 지적함으로써 이러한 분열에 대한 강조를 계속
하여 정당화하였다(Lipset and Bendix, 1959: 16). 이러한 주장의 노선은
그후 우리가 이미 보았듯이(제4장 참조), 계급사회학에서 주논쟁점이
되어왔다. 서로 관련된 립셋과 벤딕스가 이동에 대한 비교연구에서
육체/비육체의 구별을 사용하는 것은 "서로 다른 직업들의 상대적인
지위에 대한 합의"가 있다는 문제점 많은 가정을 포함한다는 점을
인식하고 있었다는 점이다(1959: 269). 더욱이 그들은 "이것이 숙련육
체직업에서 하위 화이트칼라 위치로, 혹은 이들 둘로부터 간소한 자
영업으로의 이동에 관련된 변동과 같은 중요한 변동들을 모호하게
한다"고 시인하였다(Lipset and Bendix, 1959: 270). 립셋과 벤딕스는 "육

체에서 비육체직으로의 이동은 남성들 사이에 상승이동을 이룬다"
는 그들의 가정을 위신·수입·교육·주관적 중간계급소비 그리고 정
치적 태도 등 5개 사항을 근거로 방어하였다(1959: 15-16). 그러나 그
들 연구 마지막에 뜻깊은 논평에서 그들은 "직업분류에 대한 이러한
접근방식이 이론적으로 정연하고 조작상 쉽다"는 점을 지적하였다
(Lipset and Bendix, 1959: 270).

남성이동에 대한 이 유명한 연구 이후, 밀러(Miller, 1960)와 헤스
(Heath, 1981)에 의한 문헌에 대한 두 개의 고찰이 있었는데, 이것들은
'제한적'으로 비교가능한 자료와(Erikson and Goldthorpe, 1992: 27) 남성
이동에 초점을 맞춘 미국과(Blau and Duncan, 1967; Hauser and Featherman,
1977; Featherman and Hauser, 1978) 영국(Goldthorpe, 1987)에서의 이동에
대한 조사들 그리고 남성과 여성이동에 대한 국제적 연구(Erikson and
Goldthorpe, 1992)를 사용하였다.

밀러(1960)는 영국과 미국을 포함한 18개 나라의 남성이동자료를
비교하고, 대중이동과 여러 종속적 계급에서부터 엘리트 위치로의
이동을 구별하였다. 그는 육체직으로부터 비육체직으로의 대중이동
은 높은 상승이동률을 보이는 나라들의 집단에서 보면 10% 이하에
서부터 영국(25%)과 미국(29%)과 함께 30% 이상에까지 걸쳐 있다는
것을 발견하였다. 엘리트 이동 면에서는 이 나라에 대한 오래되고
비정상적인 (이민)자료 때문에 문제가 있다고 간주될 수 있는 소련을
제외하고, 조사된 모든 나라들 중 미국이 엘리트로의 이동률이 28%
로 가장 높다는 것을 밀러(1940)는 발견하였다. 밀러의 국가간 남성
이동률에 대한 분석은 미국에서 엘리트 이동률이 상당히 높다는 측
면에서 LZ명제에 모순되고, 이로써 미국의 예외주의라는 좀바르트
의 가설을 확실히 한다. 육체직에서 비육체직으로의 이동의 경우에,
밀러의 분석은 산업사회들에서 남성 사회이동이 기본적으로 유사하

다고 간주하는 LZ명제를 뒷받침하지 못했지만, 이 측정에서 보면
미국은 특별히 높은 것이 아니었다. 그래서 밀러는 좀바르트의 미국
예외주의 이론의 보다 일반적인 판형을 확실히 하는 데 실패하였다.
달리 말해, 대중과 엘리트 이동을 구별함으로써, 밀러는 미국이 전
자에 관련해서는 예외적이 아니며 후자에 관련해서는 예외적이라는
점 그리고 이동의 두 유형 모두 나라에 따라 다양하다는 것을 보여
줄 수 있었다.

블라우(Blau)와 던컨(Duncan)의 연구는 1962년에 착수되었는데, 2만
명 이상의 남성 대표 표본을 포함하였다. 이것은 기본적으로 미국에
서의 이동에 관련되는 것이었으나 다른 사회들의 이동률에 대한 논의
를 포함하였다. 블라우와 던컨은 경제적 계급에 대해서는 마르크스를,
계급위치와 위신지위 사이의 구별에 대해서는 베버를 언급하였지만,
현대사회들에서의 사회이동의 문제에 대한 그들의 재공식화는 직업구
조와 그 안에서의 지위의 성취에 중심적 위치를 부여하는 미국 기능
주의이론을 이용한다. 그들은 "현대사회에서의 사회계층의 이해는 직
업적 지위와 이동에 대한 체계적 조사에 의해 가장 잘 촉진된다"는
가정으로부터 출발한다(1967: 5). 그들은 어떠한 경험적 증거를 마련
하는 것이 필요하다는 생각 없이 마르크스의 계급에 대한 개념화는
"오늘날 가장 큰 회사들을 통제경영하는 사람들 자신들이 주식회사의
피고용인들이기 때문에, 큰 자본주의 기업을 통제하는 사람들을 그들
의 통제를 받는 사람들로부터 … 구별한다는 것은 더 이상 적절하지
않다"고 주장함으로써 그들의 접근 방식을 정당화하였다(1967: 6).

블라우와 던컨은 계급을 "경제에서 사람들이 차지하는 역할과 경제
적 관심사에 대한 그들의 경영적 영향"으로 정의하였고, 이것은 그들
로 하여금 "직업적 위치는 계급개념의 모든 측면들을 포괄하지는 않
지만, 아마도 계급의 가장 좋은 단일 지표이다"라고 주장할 수 있게

하였다(1967: 6). 더 나아가서 그들은 계급의 직업적 차원을 강조함에 따라서 직업적 위치가 개념적으로 위신적 지위보다 경제적 계급에 더 가깝다고 주장하였다. 이 주장에 비추어, 블라우와 던컨은 직업적 구조가 '사회계층의 주된 차원들의 기초'라고 주장하였다(1967: 6).

블라우와 던컨 연구의 목표는 개인의 직업적 성취에 영향을 미치는 변수들을 구체화하는 것이었다. 귀속과 성취의 '상대적 중요성'에 관하여 그들은 다음과 같이 언급하였다. "자유민주주의사회에서 우리는 성취의 원칙이 보다 더 기본적인 원칙인 것으로 생각한다. 체제의 몇몇 귀속적 특징들은 될 수 있으면 주저 없이 일소되어야 할 초기의 흔적들로 간주될 수 있을 것이다"(1967: 163). 그래서 그들의 연구는 재산의 소유권은 현대사회의 계급분석에 더 이상 중요하지 않다는 것과 이런 사회들에 있어서는 성취 원칙이 지배한다는 것, 이 두 개의 관련이 있고 다 같이 의심쩍은 가정들에 근거하였다.

그러므로 엄격히 말해서 블라우와 던컨의 연구는 마르크스적 의미에서 또는 베버적 의미에서 계급이동에 대한 것이 아니고(신마르크스주의의 비판은 Crowder, 1974; 신베버주의의 비판은 Goldthorpe, 1987 참조), 기능주의의 이론적 틀의 맥락에서 직업적 지위의 달성에 관련된 것이다(사회계층에 대한 이 현저하게 미국적인 접근방식에 대한 비판은 Huaco, 1966 참조). 하지만 그들이 현대사회들은 비슷한 사회이동률을 갖는다는 LZ명제에 의문을 제기하고 역사적 경향들을 논의하기 때문에 현대 남성이동에 관한 논쟁에 대한 그들의 공헌을 고찰하는 것이 필요하다.

블라우와 던컨은 LZ명제에 대한 4개의 비판을 나열하였다.

1. LZ 자료의 비신뢰성
2. 미국에 있어서의 산업화와 교육의 진보된 상태

3. 유럽과 일본에 비교되는 미국에서의 최소한의 지위구별
4. 블루/화이트칼라 사이의 교차이동에 더하여 엘리트 지위에의 접근을 고려할 필요성.

이러한 점들에 비추어, 블라우와 던컨은 "미국에서의 사회이동의 기회가 우월하다는 널리 퍼진 인상을 즉석에서 대강 처리해버려서는 안 된다"라고 제안하였다(1967: 432). 그들의 미국에 대한 조사와 밀러(1960)의 것을 포함한 국가간 비교자료에 기초하여 그들은 블루칼라와 화이트칼라 직업들 사이의 이동률에 있어서 여러 산업 사회들 사이에 차이가 거의 없다는 것을 확인하였다. 그러나 더욱 중요한 것으로 그들은 밀러와 같이 미국에서 엘리트 이동은 예외적으로 높다고 주장하였고, 이것은 "미국에서 높은 수준의 대중교육에 기인하였고, 아마도 사회적 지위에 대한 공식적 구별이 덜 강조됨으로써 강화되었을 것"이라고 추측하였다(Blau and Duncan, 1967: 435). 그러나 그들은 또한 미국에서 대부분의 사람들은 높은 직업적 지위를 획득하지 못했지만 생활수준에서 향상을, 그에 따른 '과시적 소비'를 통한 사회적 지위상의 향상을 경험한다고 지적하였다(Blau and Duncan, 1967: 338; 이것에 관한 논의는 Edgell and Tilman, 1991 참조). 마지막으로 그들은 아래와 같이 지적하였다.

미국 민주주의의 안정성은 의심할 바 없이 이 나라에 있어서의 월등한 상승이동의 기회, 높은 생활수준, 사회층들 사이의 낮은 지위 차이의 정도에 관련된다. 이러한 조건들 때문에 수많은 혜택받지 못한 사람들이 억압과 모든 희망의 포기를 경험하고 정치제도에는 물론 현존하는 차별적 보상 체계에 불만을 품게 되어 폭력적 반란을 범하는 극단적인 정치 운동에 참여하게 될 것 같지가 않다(Blau and Duncan, 1967: 439).

그 아주 더 정교하고 혁신적인 방법론, 특히 이론적으로 알려진 경

로분석의 사용은 별문제로 하고(연구의 이런 측면의 평가를 위해서는 Featherman, 1981 참조), 블라우와 던컨의 연구는 소로킨의 이동사회학 전통 속에 위치지울 수 있다. 두 연구들 다 남성의 세대간 및 세대 내 직업적 이동과 직업적 달성에 대한 귀속과 성취의 상대적 영향에 초점을 맞추었다. 하지만 블라우와 던컨은 소로킨과 립셋·벤딕스 양자 보다 보편주의에로의 경향에 관해 더 확신적이었고, 미국의 특수주의라는 좀바르트의 명제에 대해서는 이들 두 초기 연구들과 의견을 달리했다. 다시 말해서, 블라우와 던컨은 육체에서 비육체로의 이동의 유사한 국가교차모형을 중심으로 해서 LZ명제를 확인하였고, 미국에서의 현저히 높은 엘리트 이동률을 중심으로 해서 좀바르트의 명제를 확인하였다. 그래서 장기적인 상향 이동과 과시적 소비를 강조함으로써 블라우와 던컨의 이동연구는 사회안전성에 대한 좀바르트의 '불고기와 사과파이(roast beef and apple pie)' 이론의 현대판을 대표한다 (제4장 참조).

블라우와 던컨의 미국에서의 남성이동연구는 재분석되었고(Hauser and Featherman, 1977), 더 특이하게 33,000명 이상의 남성들의 더 큰 표본으로 모사되기까지 했다(Featherman and Hauser, 1978). 블라우와 던컨의 1962년 자료를 재분석하는 과정에서 페더먼(Featherman)과 하우저(Hauser), 더해서 존스(Jones)는 LZ가설에 대해 밀러가 부여한 자격을 인정하였고, 미국과 호주 남성이동에 대한 비교연구에서 '관찰된' 혹은 절대적 이동과 '순환' 혹은 상대적 이동 사이의 구별에 기초하여 그들의 명제를 재공식화하였다(Hauser and Featherman, 1977: 15). 그들은 "산업사회들은 관찰된 이동률이 같은 것으로 보여질 수 있다. 그러나 일단 구조적 이동을 고려에 넣으면(예: 아버지와 아들의 직업적 기회구조) 순환이동은 어느 때나 거의 일정하다"라고 주장하였다(1977: 15). 이 불변의 상대적 이동명제는 이후 FJH명제로 알려지게 되었다.

블라우와 던컨의 연구에 대한 페더먼과 하우저(1978)의 모사는 1962년에서 1973년 사이 세대간 직업 이동률에 있어서 거의 변화가 없으나, 세대 내 이동률에 있어서는 증가가 있었음을 발견하였다. 그들은 "세대 내·세대 간 둘 모두, 그 직업적 이동 기회는 해당된 역사적 기간들에 걸쳐 현저하게 일정하게 남아 있었다"고 언급하였다(Featherman and Hauser, 1978: 216).

그러므로 그들의 상세한 모사연구에서 페더먼과 하우저는 안정성은 물론 변화의 증거도 발견하였고, 이런 혼합된 양상은 그들로 하여금 어떤 결정적 진술도 꺼리게 만들었다. 이렇게 해서 그들은 "지위귀속은 쇠퇴하고, 보편적인 지위 할당은 점차 증가한다는 두 가지 보충적 경향을 찾아내었다"고 주장하였는데(1978: 481), 이는 노동시장을 중심으로 한 광범위한 자격조건의 맥락에서만 그러했다. 그래서 페더먼과 하우저의 모사연구는 미국에서의 높은 사회이동률에 대한 블라우와 던컨의 발견과 보편주의를 향한 '근본적 경향'을 확인하였지만, "미국에서의 이동의 미래 진로는 우리나라의 이념에도 불구하고 필연적인 것이 아니다"라고 조심스럽게 언급하기에 이르렀다(1978: 495).

남성 사회이동에 있어 국가교차 변이들의 문제 그리고 함축적으로 보면 예외주의에 대한 의문은 19개 산업사회들에서 1963년과 1974년 사이에 행해진 조사들을 중심으로 헤스(1981)에 의해 고찰되어졌다. 헤스는 대중 및 엘리트, 절대적 및 상대적 이동률의 두 측면에서 미국의 경우 두 측면 각각 계산하여 상당히 높지만 그렇게 예외적이지 않다는 점과 함께 상당한 변이가 존재함을 확인하였다. 헤스의 분석은 이 절에서 논의된 모든 사회이동 이론들, 즉 좀바르트의 미국 예외주의 명제, 이동률의 국가간 유사성에 대한 LZ명제(미국에서 엘리트 이동의 특이성에 관한 밀러/블라우와 던컨의 변형을 포함하여) 그리고 상대적 이동의 불변성에 관한 FJH가설에 모순된다. 그러나 이것이 헤스로 하여금 소로킨의 무경향 변이 이론을 되풀이하도록 이끌지는 않았다. 대신 그는 국가적 변이들은, '신'과 '구' 그리고 사회주의와 보수주의 같은 서로 다른 사회유형들의 경제적 정치적 발달에 관계한다고 하였다(Heath, 1981: 222-223).

골드소르프에 의해 1972년에 착수되었고 1983년에 갱신된 영국에서의 남성이동에 대한 대규모 연구는 "계급형성과 계급행위에 대해서 그것이 갖는 함축적 의미의 관점에서" 이동에 관심이 있었고, 그 때문에 사회의 지위모형보다는 계급모형을 채택하였다(1987: 28). 이러한 측면에서 골드소르프는 그의 연구가 블라우와 던컨의 연구과제 보다는 소로킨의 저작에 의해 예증된 원래의 마르크스의 논쟁과 더 공통성이 있다고 하였다. 골드소르프는 하향 및 상승이동이란 용어를 그의 '서비스계급'과 '서비스계급의 하위수준'인 계급 I 과 II 안팎으로의 이동을 칭할 때만 사용하였다(1987: 41, 43). 그의 목표는 세 개의 계급이동 명제에 대해 언급하는 것이었다.

> 계급구조의 높은 수준에 두드러지게 존재하는 폐쇄의 명제; 육체 및 비육체 직업들 사이의 구분을 교차하는 이동의 범위를 제한하는 완충지대의 명제; 세대 내적인 상승이동의 경향이 쇠퇴함으로써 나타나는 세대간의 상승이동의 어떤 증가 경향에 대한 상쇄 혹은 역균형화의 명제(Goldthorpe, 1987: 40).

절대적 이동자료에 대한 골드소르프의 분석은 결국 세 명제 모두에 대한 적절한 논박이 되었다. 첫째로, 폐쇄명제는 계급구조의 다른 끝에서는 '사회적 기원의 측면에서 훨씬 큰 동질성'이 발견되었다 하더라도 계급 I 에서는 '매우 넓은 충원기초와 매우 낮은 동질성의 정도'라는 증거에서 거부되어졌다(1987: 44). 둘째로, 완충지대 명제에 모순되는 육체/비육체 구분을 교차하는 단기적 이동과 장기적 상향 및 하강이동의 몇몇 증거가 있었다. 골드소르프는 또한 '노동계급 배경의 사람들에 불리한 이동기회상의 두드러진 불평등'을 보고하였다(1987: 50). 세번째로, 다음과 같은 점이 지적되었다.

> 우리의 발견사실들이 아마도 이동기회가 교육적 성취에 의해 점차 더 영향받게 되고 있다는 주장을 뒷받침하는 것으로 간주될 수도 있으나, 그것은 최근 십여 년 동안 간접적 통로를 통한 접근의 기회에서 어떠한 명백한 쇠퇴도 없이 계급구조의 좀더 높은 수준들에의 직접적인 진입의 증가가 이루어졌다는 점을 가리킨다는 점에서 역균형명제에 반대된다(Goldthorpe, 1987; 58).

하지만 골드소르프는 계속하여 영국에서 남성이동에 관한 한 "폐쇄·완충지대·역균형 명제는 만약 절대적 이동률보다 상대적 이동률을" 혹은 사회적 유동성을 "일컫도록 재공식화된다면 훨씬 더 추천할만한 장점을 가질 것이다"라고 하였다(1987: 121). 사회적 유동성은 "상이한 계급상황에의 접근기회가 상이한 계급기원의 개인들에게 얼마나 평등하게 주어졌는가의 의미에서" 사회 내의 개방성의 정도를 일컫는다(198: 305). 골드소르프에 따르면, 계급형성의 문제는 절대 이동자료를 사용하여 가장 잘 고찰되는 반면, 개방의 문제는 상대 이동자료를 사용하여 가장 잘 고찰된다. 골드소르프는 절대 이동률에 있어서 증가가 있어왔으나, 상대 이동기회에 있어서는 개선이 없었다는 것을 발견하였다.

골드소르프는 그의 연구를 11년 후에 갱신하였고, 상대 이동률에서는 변화가 없으나 절대 이동에서 약간의 증가가 있음을 발견하였다. 그는 "대량 실업의 복귀가 하강이동으로밖에 볼 수 없는 심각한 위험을 만들어냈고, 그 위험은 노동계급 위치에 있는 사람들에 있어

훨씬 크다"는 것을 발견하였다(1987: 269).

골드소르프는 또한 국가교차이론들과 자료들에 관련하여 현대 영국의 남성이동을 고찰하였다. 그는 립셋과 제터버그가 개진한 첫번째 비교이동 명제(LZ명제)가 FJH가설에 의해 교체되었다고 지적하였다. 그는 FJH가설에 대한 '엄격한' 해석과 '덜 엄격한' 해석 사이에 구별을 지었고, 후자가 전자보다, 그것이 '교차문화적 사회 유동성 유형들상의 완전한 통일성'보다 대체적인 통일성 혹은 상대적 이동을 가리켜 말하는 한에서 더 지속가능하다고 주장하였다(Goldthorpe, 1987: 303). 영국과 웨일스 그리고 미국을 포함하는 9개 국가로부터 얻은 비교자료에 기초하여 그는 '유사한 상대적 이동—상이한 절대적 이동'이라는 FJH이동가설의 타당성을 확인하였고, "절대 이동률에 있어 국가간 변이는 대개 구조적 차이의 결과"라고 결론내렸다(Goldthorpe, 1987: 322).

그 자신의 작업에서 그리고 다른 사회이동 연구자들과의 협력 속에서 골드소르프는 수렴이론과 미국 예외주의론을 중심으로 남성이동에 있어서의 국제적인 변이를 검토하였다(Erikson, Goldthorpe and Portocarero, 1979, 1982, 1983; Erikson and Goldthorpe, 1985; Goldthorpe, 1987). 이 연구들은 양쪽 견해를 뒷받침하는 증거를 거의 제공하지 못하였다. 앞 이론에 관해서는, 서비스계급의 성장에 결부된 경향과 같은 특수한 수렴 경향들은 서로 다른 사회들에서 다양하다는 점을 발견하였다(Goldthorpe, 1987). 의미 있게도 절대적 이동률에 있어서 국가간 변이들은 "무경향 파동이라는 소로킨의 명제를 뒷받침하는 것으로 받아들여도 무리가 아니다"라는 점이 제시되었다(Erison, Goldthorpe and Portocarero, 1983: 340). 지목된 바의 미국에서의 상승이동의 예외적 비율에 관하여서는 에릭슨과 골드소르프(1985)는 영국 자료의 복합적인 재부호화에 비추어 이동증거를 고찰하고 그것을 미국자료 즉, 블라우와 던컨(1967)에 의한 연구를 모사하기 위해 페더먼과 하우저(1978)에 의해 사용된 1973년의 자료와 비교할 수 있게 하였다. 그 주제의 복잡성을 공평하게 다루려는 시도 속에서, 육체 및 비육체 사이에 그리고 엘리트 사회이동은 물론 절대적 및 상대적 이동 사이에 구분을 두었음에도 불구하고 그들은 "미국은 사회이동률에 있어 예외적으로 높지 않다"는 것을 발견하였다(Erison and Goldthorpe, 1985: 20). 그래서 에릭슨과 골드소르프의 발견사실들은 미국의 예외주의에 관련한 좀바르트의 명제건 국제적 절대 이동률의 기본적 유사성에 관련한 LZ명제건 이를 확인하는 데 실패했다.

그의 남성이동에 대한 발견의 계급 함축적 의미들에 대한 골드소르프의 논의는 영국 계급체계의 개방정도와 특히 서비스계급과 노동계급을 중심으로 한 계급형성에 집중되었다. 첫번째 문제에 관하여 그는 그의 상대적 이동자료를 기초로 전후 영국에서 "계급 불평등에 있어 어떠한 의미있는 감소도 사실상 이루어지지 않았다"라고 주장하였다(Goldthorpe, 1987: 328). 이것은 경제성장과 사회 불평등을 감소시키는 데 목표를 둔 인류 평등주의적 개혁의 정치 전략에도 불구하고 그랬다. 그는 '이 전략은 계급구조가 이것을 변화시키려는 시도에 대해 나타낼 수 있는 저항을 크게 잘못 판단한다'고 결론지었다[이 점은 미국에서 현상을 유지하려는 지배 자본가들의 능력이 이를 바꾸려는 종속적 계급의 능력을 능가한다는 제4장에서 논의된 베너먼과 캐논(1987)의 주장을 생각나게 한다]. 골드소르프는 경제성장과 절대적 이동에서의 증가가 "상대적 이동기회의 어떠한 평등화가 동시에 달성되고 있었는지 아닌지 하는 문제로부터 관심을 효과적으로 흐트러뜨리는 데 기여했다"고 덧붙였다(1987: 328-329).

계급형성의 문제에 관련하여, 골드소르프는 절대적 이동률상의 경향에 대한 증거가 "그들 구성원의 사회적 기원에 관한 한 … 더 동

질적인" 노동계급과 대조적으로 서비스계급은 "낮은 정도의 인구학
적 정체성"을 가졌음을 말해주는 것이라고 주장하였다(1987; 332,
336). 그러나 그는 또한 영국에서 경기가 후퇴한 1980년대 동안 '노
동계급 이동 기회의 양극화'가 노동계급 내에 최하층계급의 출현을
초래했을 수 있다고 지적하였다(Goldthorpe, 1987: 337). 골드소르프는
또한 서비스계급으로의 광범위한 상승이동이, 상승이동한 사람들은
일반적으로 그 안에서 그들이 성공했던 기존 사회질서를 인정하기
때문에 "불만과 변화에의 자극보다 통합과 안정을 선호하는" 경향이
있다고 판단하였다(1987: 340). 그러나 그는 서비스계급 내의 부문적
분파들이 잠재적인 정치적 다양성의 원천이라고 언급함으로써 이 결
론을 완화하였다. 영국에서의 몇몇 조사는 이러한 가능성을 예상한
골드소르프가 옳았다는 것을 확인하였지만(Dunleavy and Husbands,
1985; Edgell and Duke, 1991) 부문적 단절이론에 모순되는 증거 또한
존재한다(Marshall et al., 1988).

만약 상승이동이 사회를 안정화하는 것이라면, 이것의 결핍은 불
안정화의 효과를 갖는가? 골드소르프는 하강이동한 소수의 사람들
이나 노동계급 내에 안정적으로 존재하는 이들 사이에 '분노가 거의
없음'을 발견하였다(1987: 342). 그는 그 주된 이유는 상대적 이동률
경향의 '낮은 사회적 가시도'와 '상향 이동의 실제 범위'에 대한 '높
은 사회적 가시도'였다고 하였다(1987: 342). 그래서 이동하지 않은
사람들은 상승이동한 사람들을 필시 알게 될 뿐만 아니라 경제발전
의 결과로 더 잘살 가능성은 있으나, 거시적 사회 경향들에 대해서
는 훨씬 인식하지 못할 가능성이 있다.

사회이동에 대한 골드소르프의 접근에 대한 두 개의 주된 비판
노선들이 있다. 첫번째 것은 남성이동에의 집중에 관련되고, 두번째
는 절대적 및 상대적 이동을 구별하여 사용하는 점을 포함한다. 두

노선은 모두 골드소르프에 의해 논쟁되어왔으며, 다음 두 절의 맥락 속에서 고찰되어질 것이다.

3. 현대의 여성 사회이동

소로킨의 연구는 '사회이동에 대한 최초의 포괄적 논문'으로 알려져 있으나(Erikson and Goldthorpe, 1985: 2), 그것이 남성이동에 초점을 맞추었다는 점에서 이러한 판단은 의문시된다. 그것은 남성 사회이동에 대한 최초의 포괄적 연구였다. 최근까지 사회이동에 대한 연구들은 그들의 단서를 소로킨으로부터 얻은 것으로 보인다. 글래스(1954), 립셋과 벤딕스(1959), 블라우와 던컨(1967), 페더먼과 하우저(1978) 그리고 골드소르프(1987)는 모두 남성이동에 집중하였다.

글래스가 1949년의 몇몇 여성이동자료를 수집하였지만, 10년 동안 분석되지 않았다(Kelsall and Mitchell, 1959). 립셋과 벤딕스의 오클랜드 연구는 '가장'으로서의 능력을 갖춘 적은 비율의 여성을 포함하였지만, 많은 도표에서 여성 응답자들을 제외하였다. 그들은 여성이동의 배제를 실용적 배경에서 정당화하였다. 즉 "아버지와 딸의 직업적 지위의 의미있는 비교는 아버지와 아들의 비교보다 훨씬 더 힘들다"는 것이다(Lipset and Bendix, 1959: 151). 블라우와 던컨은 남성 응답자들의 아내와 어머니에 대한 몇몇 자료를 수집하였지만, 그들의 연구를 '합법적인 예비적 단순화' 때문에 남성에 제한하였다. 하지만 "남성들에게 이용가능한 취직자리의 공급은 다양한 기술 수준들의 노동을 위해 준비되고 훈련된 여성들의 수에서 독립적일 수 없다"고 인정하였다(1967: 113; 또한 Featherman and Hauser, 1978: 493 참조). 골드소르프는 그의 연구의 두번째 판에서는 여성이동에 대한 자료를 포함하였으나, 초판에서는 경제적인 이유로 그렇게 하지를 않 았다(1987, 1980).

현재의 여성이동의 유형을 논의하기에 앞서, 사회의 절반인 여성 이 왜 최근까지 이동연구의 1% 정도를 구성하는가에 대한 가능한 이유들을 고찰하는 것이 도움이 될 것이다(Glenn et al., 1974).

1920년대에 성차별이 사회와 사회학에 만연하였고, 여성들은 가 족과 가족사회학 안에 가두어졌었다. 그래서 소로킨은 여성이동을 무시한 것에 대해 용서받을 수 있었다고 논할 수 있다. 그러나 금세 기 동안 여성의 진출은 이러한 변명을 점차로 설득력 없이 만들었 다. 성 차별적 계급분석에 대한 최초의 비판은 미국 사회학에 특히 계층에 대한 기능주의 이론들에 향하여졌다(Watson and Barth, 1964). "많은 계층이론의 근저에 있는 전임제 직업으로 일하는 남편이 있 는 가부장적 가족모형은 현대사회의 적합한 모델이 아니다"라고 주 장되었다(Watson and Barth, 1964: 13). 애커(Acker, 1973)는 성차별적 계 층연구에 대한 윗슨(Watson)과 바스(Barth)의 비판을 인용하였으나, 또한 여성들의 소수 지위가 1950년대 초 미국 사회학 잡지에서 (Hacker, 1951), 심지어 더 일찍이 미국 사회학에 대한 주요 서적의 부록에서 논의되었다는 것을 지적하였다(Myrdal, 1944). 그래서 금세 기의 후반부에 연구의 대상이 전체 계급구조라면 여성들을 무시할 이유가 없을 것 같다.

그의 첫번째 전국적 연구에서 남성이동에 초점을 맞춘 결정에 대 한 골드소르프의 변명은 '편의'라는 '장점'이 있다는 말로 묘사되었 다(Dex, 1987: 24). 다시 말해서, 처음에는 경제의 실용적 기초로서 정 당화되었고, 후에는 이동에 대한 우리의 이해를 위해 여성을 제외하 는 것의 지목된 바의 부정적 결과에 관련한 의구심의 배경에서 정당 화되었다. 여성과 이동연구에 대한 논쟁은 이미 논의되었던(제3장 참조) '여성을 계급이론에 통합하는' 문제의 부분이다(Dale et al., 1985: 384). 골드소르프가 뒤늦게 영국에서의 이동에 대한 설명에 여성을 포함시켰을 때 그는 여성을 배제하는 것이 대부분 계급구조의 모습을 왜곡시키지 않는다는 그의 의구심을 확인하였다.

골드소르프는 세 개의 아주 다른 계급분석의 단위들을 사용하여 여성의 계급이동을 고찰하였고, 전통적 접근방식 혹은 우세 접근방식들보다는 개인적 접근방식이 채택되었을 때만 남성과 여성의 절대적 이동률에 있어서의 차이가, 특히 더 잦은 여성들의 하강이동이 밝혀진다는 점을 발견하였다. 그래서 이러한 측면에서 "영국 계급구조내의 이동에 대한 우리의 이해는 남성들의 경험에 집중한 연구들에 의해 크게 손상되었다"고 주장될 수 있을 것이다(Goldthorpe, 1987: 295; Goldthorpe and Payne, 1986: 549).

여성과 계급에 대한 논쟁은 마셜(1988) 등에 의하여 포괄적으로 요약·비판·평가되었다. 그들은 그 논쟁은 계급분석의 '범위'와 단위라는 두 개의 연결된 문제들을 포함한다고 지적하였다. 그들은 절대적 이동의 면에서 남성이 여성들보다 특히 서비스계급으로의 상승이동을 경험하는 경향이 더 있고, 이것은 여성의 보다 큰 가사 역할 책임과 무관하지 않다는 것을 발견하였다. 그들은 계급분석의 범위에 관한 한, 남성과 여성의 이동경험이 서로 다르나 상호의존적이기 때문에 여성을 계급분석으로부터 제외해서는 안 된다고 결론지었다. 그래서 남성이동에의 초점은 "계급구조의 잘못된 지도를 만들어낸다"(Marshall et al., 1988: 112). 계급분석의 단위 문제에 관하여, 그들은 많은 부분이 연구의 목적에 달려 있다고 주장하였고 가족단위에 대한 골드소르프의 선호는 "그의 계급분석개념과 일관된다"고 언급하였다(Marshall et al., 1988: 85). 그러나 그들은 그의 시각에 대해 계급구조가 성관계적(gendered)임을 인식하기에 충분히 넓지 못하다고 비판하였고, "사회계급들은 가족들도 개인들도 아닌 가족들 안의 개인들로 구성된다"고 결론내렸다(Marshall et al., 1988: 85). 다시 말해서 성적 차별이 노동시장에서 지배적이고, 이것이 남성과 여성의 대조적인 계급배치와 관련된 절대적 이동률에 있어서의 변이에 반영되기 때문에 남성과 여성은 그들 자신의 직업에 기초하여 계급에 배당되어져야 한다.

이러한 관점에 대한 지지는 여성이 남성보다 더 하강이동적인 경향이 있는 반면, 남성은 여성보다 상승이동적인 경향이 있다는 것을 발견한 페인과 애벗(Payne and Abbott, 1990)에 의해 공표되었다. 그들은 또한 계급이론의 완전한 발전은 "남성과 여성을 우리의 연구 안에" 포함하는 것을 요구한다고 결론내렸다(Payne and Abbott, 1990: 174). 같은 책에서 애벗(1990)은 여성자료를 사용하여 골드소르프의 남성에 기초한 폐쇄, 완충지대 및 역균형화 명제의 설명에 대해 그녀가 재검토한 바를 보고하였다(Abbott and Sapsford, 1987). 그녀는 계급구조의 정상에 서는 남성보다 여성에 더 폐쇄적이며, 여성의 경우 육체/비육체 노동 구분에 완충지대가 작용하며, 노동시장에의 참가에 관해서 여성이 남성보다 상승이동을 덜 경험하는 경향이 있다는 것을 발견하였다. 그래서 골드소르프와 대조적으로 애벗의 여성이동 자료는 세 개의 명제 모두를 뒷받침하며, 따라서 그녀는 "남성 직업적 이동의 분석은 스스로 현대 영국 사회의 본질에 대한 부적합한 모습을 제공한다"고 결론내렸다(Abbott, 1990: 44).

이후 골드소르프는 국가 교차자료를 가지고 남성이동의 연구들이 '그릇되었다'는 주장을 체계적으로 검토하였다(Erikson and Goldthorpe, 1992: 265). '완전한' 이동 도표들에 기초하고, 가족계급 결정에 우세 방법을 사용하여 여성의 계급이동 경험이 남성의 그것과 매우 적은 차이밖에 없다는 것을 발견하였다. 따라서 그의 이전 결론을 수정할 필요가 없었다. 그러나 계급분석의 개인적 단위가 사용되었을 때, "여성들의 계급 이동의 절대적－상대적은 아니라 하더라도－비율은 … 남성들의 그것과 분명히 그 궤도를 달리한다"(Erikson and Goldthorpe, 1992: 275). 그러나 이러한 접근방식은 그가 가족 분석단위를 우선적으로 옹호했다는 것과 기본적으로 같은 이유로 '타당치 않다'고 여겨진다(제3장 그리고 Erikson and Goldthorpe, 1992; 235-238 참조).

4. 요약과 결론

사회이동에 대한 사회학적 연구는 영·미 사회과학적 지식의 누적적인 성격의 훌륭한 예라 할 수 있다(Featherman, 1981). 20세기 초에 좀바르트와 소로킨의 저작에서 시작되는 개념들과 이론들은 새로운 발견사실들에 비추어 점차 발전되어왔으며, 그 과정에서 자료분석의 통계학적 기술들은 변형되어왔다. 예를 들면, LZ명제는 FJH가설에 의해 대체되었고, 기본적 비율들은 승산비(乘算比, odds ratio. 영어발음 그대로 오즈比라고도 하는데, 하나의 범주에 속하는 빈도와 그 범주에 속하지 않는 빈도간의 비율. 대수선형모형 기법에서 사용하는 비율: 역자)에 의해 대치되었다(이동연구에 쓰인 통계 용어에 대한 지침을 위해서는 Heath, 1981 부록Ⅱ 참조). 연속적인 개념적, 이론적, 방법론적 세련화의 부산물 중 하나는 정연하고 쉬운 일반화에 반하는 복잡성에 있어서의 증가이다. 더 나아가서 사회이동이란 주제는 고도로 기술적인 수량화를 조장하고, 더 이전의 그리고 덜 복잡한 연구들의 발견 사실들을 확인하는 결과가 되는 경향이 있는 주제인 것으로 보인다.

이것은 국가간 교차이동에 대한 가장 최근의 그리고 포괄적인 연구보고에서 쉽게 드러난다(Erikson and Goldthorpe, 1992). 이 연구는 공간은 물론 장시간에 걸친 이동률과 모형에 초점을 맞추고, 미국, 영국과 웨일스, 스코틀랜드 그리고 북부 아일랜드를 포함한 무려 12개 나라의 자료를 포함한다. 이 연구의 주된 결과들은 이전의 연구, 특히 절대적 이동의 모형에 있어서의 무경향성과 상대적 이동의 모형에 있어서의 안정성 그리고 미국 예외주의 명제를 뒷받침하는 최소 이동의 증거를 확인하는 경향이 있다. 다시 말해서, 상당히 이론적이고 방법론적인 발전을 포함하는 반세기에 걸친 연구 후에, 이제 세련화되었지만 방대한 소로킨과 FJH가설에 대한 지지와 좀바르트에 대한 부분적 거부가 있다.

절대적 이동과 상대적 이동 사이의 구분이 사회이동에 대한 수많은 논쟁들의 중심에 자리한다. 그것은 전자, 즉 실제로 관찰 가능한 이동은 계급형성에 대한 분석에 관련된 반면, 후자, 즉 서로 다른 사회적 배경의 사람들이 상승이동을 달성하는 상대적 기회들은 개방성의 문제와 관계 있다는 골드소르프의 주장을 상기시킬 것이다. 페인(1990)과 사운더스(Saunders, 1990)는 절대적 이동률의 증가에 대해서보다 상대적 이동률의 불변성에 대한 골드소르프의 강조가, 영국이 여전히 결코 개방적 사회가 아니라는 그릇된 인상을 준다고 주장하였다. 골드소르프는 절대적 이동과 상대적 이동 사이의 구분을 강조하고 "금세기 동안 영국은 구조적 변화의 결과로 다소 더 이동적인 사회가 되었는지는 모르나 더 유동적이거나 개방적인 사회가 되지는 않았다"고 되풀이함으로써 이 비판노선에 대응하였다(Goldthorpe, 1990: 422). 그래서 골드소르프에 따르면, 그것은 일반적인 인상의 문제가 아니라 특히 서로 다른 이동률들 사이의 중요한 구분을 하는 문제이고, 단순한 결론들에 저항하는 문제이다.

마지막으로 경기 후퇴기인 1990년대 대량파업, 대량실업 그리고 '비표준(급여) 노동' – 예를 들면, 시간제 그리고 임시노동계약(Fevre,

1991: 56)－이라 불리는 현상의 성장은 미래 이동연구자들에게 금세기 동안 현대사회들에서는 상승이동이 하강이동보다 더 일반적이라는 일반화에 대해 의문을 제기하는 발견사실들을 마련해주게 될 것이다.

제6장 계급, 불평등 그리고 정치

1. 서론

　마르크스와 베버의 고전사회학 이론에서 계급은 불평등과 정치를 구조화하는 그 중추적 역할로 해서 중심적 주제가 되었다. 마르크스에게 있어서 부와 소득의 창출과 분배는 자본주의의 경우 임금을 받는 노동자와 이윤을 얻는 소유주에 의해 특정지어지는 생산체제의 표현이다. 더 나아가서 마르크스는 "그렇게 부르는 것이 적절한 정치권력은 단지 다른 계급을 억압하는 한 계급의 조직된 힘이다"라고 주장하였다(Marx and Engels, 1848: 90). 베버 역시 계급은 경제적 권력의 분배에 근본적이라고 주장하였지만, 정치적 수준에서 "정당들은 **계급상황**이나 **지위상황**을 통해 결정되는 이해관계들을 대표할 수 있으며, 그들의 후계자들을 전사 혹은 후사로부터 각각 충원할 수 있다"고 제안한다는 점에서, 만약 부의 배분 혹은 정치적 태도와 행동 그리고 그와 다른 많은 것들, 예컨대, 건강과 질병의 모형화, 상품과 서비스의 소비 혹은 교육적 성취와 같은 것에 대해 알기를 원한다면(Reid, 1989) 계급분석은 필수적이다.

이 장에서는 계급개념의 사회학적 중요성이 두 개의 방향에서 논증될 것이다. 첫째는 웨스터가드와 레슬러가 칭했던 바 '계급의 기반 핵심세력' 즉 경제적 불평등에 관한 것이고(1975: 2), 둘째는 계급과 투표행위에 관한 것이다.

2. 계급과 경제적 불평등: 측정 문제들

계급과 경제적 불평등의 관계에 대한 사회학적 분석은 어려움이 따르게 되는데, 그 어려움의 대부분은 계급의 조작화에 관련하여 연구자가 직면하게 되는 세 가지 선택들, 즉 개념적 도식, 분석단위 그리고 적용범위의 정도를 참조함으로써 이해될 수 있다(또한 제3장 참조).

1) 개념적 도식

마르크스와 베버 두 사람 모두 재산의 소유와 무재산을 '모든 계급상황들의 기본적 범주들'로 간주하였으며, 이는 그들 각각의 계급도식에 핵심 부분을 이루었다. 그러나 경제적 불평등 자료는 그들의 계급범주와 거의 맞아떨어지지 않으며, 혹 있더라도 아주 드물다. 대신에 그 자료는 부의 분배(넓게는 자본 소유와 동등한) 혹은 소득의 분배(넓게는 노동력 판매와 동등한)에 집중되어 있다. 이것이 경제적 불평등 자료를 제시하는 두 가지 주된 방식의 전통이 되었다. 첫번째는 성인 인구의 상이한 부분들이 수령하는 전체 부(그리고 때때로 소득)의 백분율 몫을 보여주는 것이고, 두번째는 서로 다른 직업집단들의 소득(대개 '불로' 소득을 포함하는)의 가치를 보여주는 것이다. 순수한 결과는 사회의 '정상'에의 부의 집중 정도에 관해서 이 자료들이 유용하다는 것과 사회에서 가장 부유한 사람들은 노동력의 판매자가 아닌 자본의 소유자라고 합리적으로 가정할 수 있다는 것이다. 또한 자료들은 익숙하지만 비논리적이며 경험적으로 문제성 있는 비육체 및 육체 범주들로 전형적으로 구분되는 직업계급 소득 불평등의 모형화에 유용하다. 모자란 것은 사회적 및 직업계급들에 대한 부 및 소득의 분배에 대한 포괄적 자료이다.

2) 분석단위

가족은 종종 경제적 불평등 측정의 목적을 위한 계급분석의 단위로 취급된다. 이 접근방식은 모든 가족 성원들이 총수입을 동등하게 공유한다고 가정하며, 만약 그렇지 않다면 가족단위의 분석은 부정확한 계급 불평등 측정이 될 것이며, 이 경우 계급분석의 단위로 개인을 사용하는 것이 더 나을 것이다. 영국에서의 조사는 가구수입 중 아내의 몫은 그녀가 노동시장에 참여할 경우 더 높은 경향이 있으며(Piachaud, 1982), 배우자 둘 모두 가구수입에 접근하는 공동관리(pooling) 체계는 나이든 부부들보다 젊은 부부들 사이에서 더 일반적이라는 것을 보여준다(Pahl, 1989). 이것은 비록 분석의 가족단위가 가족들 내의 재정적 불평등의 정도를 숨길 수도 있으나, 가족의 모든 구성원들은 다소간에 어느 정도 총가족수입을 공유하기 때문에, 가족은 경제적 불평등의 모형화에 대한 고찰에서 계급분석의 적당한 단위일 것이다. 최적의 전략은 개인 및 가족/가구 둘 모두에 근거한 자료를 수집하고 제시하는 것일 것이라고 주장할 수 있다. 여전히 많은 부분이 연구자의 목적과 응답자의 지식과 협조 같은 실제적으로 고려할 사항들에 달려 있다.

3) 적용범위의 정도

전통적으로 계급분석에서는 경제적으로 활동적인 사람들만이 포함된다. 그러나 이러한 접근은 예외적으로 부유한 '유한계급'(Veblen 1970)과 예외적으로 가난한 최하층계급(Heisler, 1991)을 전형적으로 배제하고, 계급 불평등의 모형화에 대한 연구 사례에 있어서 두 가지 중요한 누락사항이 될 것이다. 그러므로 계급 불평등의 완전한 양상을 보기 위해서는 모든 성인들이 포함되어야 한다.

부와 소득의 계급분배에 대한 연구에서 적용범위의 정도에 추가할 차원이 있는데, 그것은 소득 측정의 시간척도에 관련된 것이다. 그 기본적 선택은 일주일, 한 달 혹은 일 년에 걸쳐 측정된 개인의 현재 수입과 평생에 걸쳐 측정된 수입 사이의 구별을 포함한다(Atkinson, 1974). 이 두 가지 측정은, 개인들은 생애 주기에 걸쳐 수입에 있어 변이들을 전형적으로 경험하기 때문에 아주 다른 결과들을 낳을 것이다(Atkinson, 1983). 부분적으로 이것은 개인의 계급상황이, 예를 들면 상향 및 하향 사회이동 때문에 시간에 따라 변할 수 있다는 것을 말하는 또 다른 방식이다. 그러나 이것은 또한, 예를 들면 육체노동자들의 경우 시간외 근무나 조업단축 그리고 전문직 노동자들의 경우 봉급인상이나 승진의 결과로 인한 어떠한 한 계급 상황내의 소득 변이들의 문제이다. 또한 궁핍한 학생을 백만장자로 바꿀 수 있는 부의 상속 가능성이 있다. 그래서 시간척도가 더 길수록 경제적 불평등의 모형화에 대한 설명은 더 완전해진다.

경제적 불평들의 연구와 연관되어 이어지는 어려움의 하나가 있는데, 그것은 계급개념이 어떻게 조작화되든지 간에 자료의 정확성에 관련된다. 일반적으로 특히 부와 소득의 배분과 관련하여(Atkinson, 1983; Irvine, 1979; Johnson, 1973; Kolko, 1962; Levey, 1987; Titmuss, 1962)

공식 통계의 비신뢰성은(Hindess, 1973; Irvine et al., 1979) 모범적인 예이다. 예를 들어, 국가 회계관은 과세 대상자가 세금을 내고, 수혜 대상자가 연금을 받는 것을 확실히 하는 데 관심이 있다. 따라서 수입과 재산 조사는 세금을 덜 내거나 연금을 더 받기 위해서 재산과 소득을 실제보다 낮게 신고하려는 사람들의 이해관계에서 나타나는 문제에 직면하게 된다. 물론 이러한 문제의 정도를 정확히 알 길은 없다. 하지만 자신있게 말할 수 있는 것은 빈민에 대한 조사가 부자에 대한 조사보다 훨씬 더 평범하다는 것과 부자가 빈민보다 집요한 국가 회계관에 대하여 그들 자신을 방어하는 데 더 능란하다는 것이다. 더욱이 이른바 '복지 훔치기(welfare scrounging)'에 포함된 총액은 합법적 혹은 다른 방법으로의 탈세에 포함된 총액보다 아마도 훨씬 더 적을 것이다. 그래서 밀리반트(Miliband)는 "국가 세금과 연금은 (불평등한)계급투쟁의 본질적 부분이다"라고 주장하였다(1989: 139). 그래서 계급과 경제적 불평등에 관한 통계들은 극히 주의하여 해석되어야 한다.

마지막으로 재산이라는 용어는 팔릴 수 있는 땅·건물·증권·주식과 같은 자본의 소유를, 그리고 소득이라는 용어는 임금과 같은 근로소득 및 이자와 같은 불로소득의 두 가지 소득을 일컫는 데 일상적으로 사용되어왔으며, 사용되어질 것이다.

3. 계급과 경제적 불평등: 자료

많지만 극복할 수 없지는 않은 어려움들을 염두에 두고, 이제 현대 영국과 미국에서의 계급과 경제적 불평등 문제를 고찰하기로 한다. 그렇게 하기 위해서 우리는 다시 한번 마르크스와 그의 유명한 궁핍화(immiseration) 명제로부터 시작해도 좋을 것이다. 마르크스는 사회 상층에서의 '부의 축적'은 사회 하층에서의 '빈곤의 축적'과 연관된다는 것이 자본주의 발전의 법칙이라고 주장하였다(1970a: 645). 다시 말해서 자본주의사회에 있어서 빈곤은 부의 원천이라는 것이다. 그래서 마르크스는 부유한 자본가계급과 가난한 노동자계급의 점차적인 증가를 예견하였지만, 이 일반화에 대하여 다음과 같이 지적하였다. "다른 모든 법칙과 마찬가지로 그 작동에 있어서는 많은 환경들에 의해 수정된다"(1970a: 644). 마르크스의 점차 증가하는 상대적인 궁핍화 명제는 위에서 논의된 계급 발전의 프롤레타리아화 이론의 필수적인 부분이다(제1장 및 제4장 참조). 자본주의 '발전'은 계급 불평등의 확대를 포함한다는 주장을 검토하기 위하여 전체 부의 백분율 몫과 직업계급의 소득 불평등 모형에 대한 자료가 제시될 것이다.

첫번째 유형의 자료에 관하여, 영국(1950~1972 자료는 브리텐섬 영국을, 그리고 1976~1988자료는 연합왕국 영국을 일컫는 것으로 대강 사용되었다) 성인 인구의 가장 부유한 5%가 대체로 자본가계급과 동일한 것으로 가정하는데, 제2차세계대전 종전 후 계급구조 상층에 있는 사람들에 의해 소유되는 부의 몫이 70%이상에서 약 50%로 감소해왔다(Atkinson, 1980; Social Trends, 1991). 좀더 단기적 관점에서 보면, 이러한 추세는 역진세제의 대처 수상 시대 동안 멈추었고, 심지어 역전된 것 같다(Riddell, 1989; Stark, 1987). 덜 뚜렷하지만 유사한 역사적 추세는 미국에서(Smith and Franklin, 1980) 그리고 레이건 대통령 시대에(Cohen and Rodgers, 1988; Winnick, 1989) 뚜렷하다. 그래서 영국과 미국 양국에서의 부의 분배는 경제에 국가가 개입하던 시기인 전후시기에 덜 집중적이 되었으나, 1980년대에는 더 집중적이 되었다.

계급구조의 다른 한끝에 있는 빈곤은 가장 경제적으로 선진인 사회들에서 지속되어왔다(영국의 경우 Townsend, 1979; 미국의 경우 Harrington, 1984 참조). 더 구체적으로 보면, 1945년에서 1979년 사이 가장 덜 풍요한 사람들(영국에서 하위 30% 그리고 미국에서 하위 20%)에 의해 취득되는 세금전의 총소득의 몫은 영국에서는 10% 정도 미국에서는 4% 이하에서 변함없이 유지되어왔다(Atkinson, 1983). 역진세제와 경기후퇴의 시대인 1980년대 동안 가난한 자들이 양국에서 더 가난해졌다는 것을 제시하는 몇몇 증거가 있다(Moon and Sawhill, 1984; Walker and Walker, 1987; Winnick, 1989).

두번째 유형의 자료에 관한 한 영국에서 직업계급 소득 자료는 한 세기 이상을 거슬러 올라가나(Routh, 1987) 미국에서 믿을 만한 통계는 오직 전후시기에 대해서만 이용가능하다(Levy, 1987). 두 개 묶음의 공식 통계들은 계급과 소득 사이의 일관된 관계와 남성과 여성의 벌이를 분리할 필요성을 보여준다. 더욱이 미국에서의 공식통계와 사회학적 연구는 소득 불평등에 대해 명확한 인종적 차원을 드러냈다(Levy, 1987; Wright, 1979). 종합하면, 영국과 미국의 자료들은 자료들이 이용가능한 시기들을 통틀어 다음과 같은 사실을 보여준다.

1. 직업계급이 '더 높을수록' 벌이가 높아지며, 역도 또한 같다(Routh, 1987: 79; Levy, 1987: 128-129).
2. 평균보수/중간 값 소득은 직업계급구조의 모든 수준에서 취업여성보다 취업남성의 경우가 더 높다(Routh, 1987: 79; Levy, 1987: 142).
3. 미국에서 백인 남성은 흑인 남성보다 소득의 중간값이 높고 그 격차는 넓어지고 있으며, 백인 여성은 흑인 여성보다 소득의 중간값이 높고 그 격차는 좁아지고 있다(Levy, 1989: 137, 142).

계급과 불평등에 대한 자료를 제시하는 전통적 방식에 대한 부분적인 예외는 라이트의 저작인데, 그는 그의 신마르크스주의적 계급과 소득 사이의 관계를 분석하였다(제2장 참조). 그의 첫번째 그리고

<표 6-1> 미국에서의 계급에 따른 평균 연 개인소득

계급위치	소득($)
1. 부르주아지	52.621
2. 소고용주	24.828
3. 프티부르주아지	14.496
4. 전문 경영자	28.665
5. 전문 감독자	23.057
6. 전문 비경영인	15.251
7. 반자격 경영자	20.701
8. 반자격 감독자	18.023
9. 반자격 노동자	16.034
10. 비자격 경영자	12.276
11. 비자격 감독자	13.045
12. 프롤레타리아	11.161

출처: Wright 1985: p.235.

그후의 모형 둘 다에 근거하여, 라이트는 소득이 명확히 계급에 의해 구조화된다는 점을 확인하였다(1979, 1985). 표 <6-1>에서 제시된 소득의 계급분배의 예에서, 계급도식은 라이트의 신마르크스주의 계급지도 II 이고, 분석단위는 개인, 적용범위의 정도는 경제활동인구, 그리고 소득 자료는 전년도 납세 이전에 모든 원천으로부터의 응답자의 총 개인소득에 근거하였다.

표 <6-1>은 현대 미국에서 소득은 자본의 대소유주인 부르주아지와 계급구조의 바닥에 있는 노동자 사이에 분명히 양극화되어 있으며, "소득은 분리해서건 종합해서건 간에 탈취되는 착취의 차원여하에 따라 항상 변화한다"는 것을 보여준다(Wright, 1985: 237). 계급과 소득 불평등에 대한 이 조사에서, 경제적으로 비활동적인 사람들, 예를 들면 실업자, 학생, 가정주부 그리고 연금 생활자들을 특이하게 배제하는 것은 부유한 자본가계급과 가장 가난한 구성원 사이의 격차의 크기를 줄여 말하는 것이다. 이 요점은 영국과 미국에서 감소된 복지국가 지출의 맥락에서 최하층계급의 지목된 바의 최근의 팽창에 의해 강조된다(Edgell and Duke, 1991; Keriger, 1986).

어떻게 측정되든지 간에 계급과 경제적 불평등에 대한 모든 이용 가능한 역사적·비교적 자료들은 계급이 현대사회에서 부와 소득의 분배에 주요한 영향력을 갖는다는 것을 보여준다. 이러한 모형은 아주 잘 확립되어 있어서, 특히 미국에서의 많은 사회학자들은 소득을 그 자체로나 다른 대용 변수들과 결합하여 계급을 식별하기 위한 대용 수단으로 사용한다(Gilbert and Kahl, 1987). 하지만 계급을 가리키는 단일 대용 변수로서 소득을 사용하는 것은 계급 내에서 소득상의 성 차이가 지속된다는 점을 가정한다면, 특히 남성과 여성 둘 모두를 포함하는 연구표본의 경우 문제가 많다.

계급이 소득과 부에 영향을 미친다는 것을 보여주는 데 추가해서, 이들 자료는 사회 내의 가장 큰 경제적 불평등의 원천이라는 점에서 경제적 불평등의 주요 차원인 자본의 소유가 과거보다 덜 불평등 하지만 영국과 미국에서 아직도 매우 뚜렷하고 어쩌면 증가하고 있다는 것을 제시한다. 다시 말해서 계속적인 부의 집중은 종종 많은 사회학적 연구에서 숨겨지는 계급인 자본가계급의 특성 중 중요한 부분이다. 계급 소득 불평등은 시간이 지나면서 더 안정적인 채로 남아 있고 전체적인 역사적 모형 속에는 직업적·성적·인종적 변이들이 존재한다. 전시기에 걸쳐 더 높은 생활수준과 그에 더해 국가 복지 체계의 창출 상황 속에서, 계급 불평등상의 이러한 경향들은 일반적으로 경제적 불평등의 지속성과 특히 최하층계급의 계급속성에 관한 마르크스의 이론적 예상을 폭넓게 뒷받침한다. 하지만 경기 후퇴와 복지지출 축소 시점에서 영국과 미국 내에서 경제적 양극화가 증가했다는 최근 증거가 일시적 현상인지 아니면 새로운 시대의 출발인지는 두고볼 일이다.

4. 민주적 계급투쟁

정치의 계급 기초는 현대 정당이 서로 다른 계급들의 경제적 이해를 대표한다고 언급한 마르크스와 베버에 의해서 충분히 평가되었다. 마르크스의 경우 혁명적 변동에 대한 그의 이론은 노동계급의 물질적 이해가 사회주의 정당을 지지함으로써 가장 잘 충족된다는 가정에 근거하였다. 그러나 베버는 "순전히 **계급적** 정당일 필요도 순전히 **지위적** 정당일 필요도 없다"고 언급함으로써 정당에 대한 계급분석의 의미를 한정하였다(1961: 194).

전후 영국과 미국에서 '중간'계급은 우익정당에 투표하고 '하층' 계급은 좌익정당에 투표한다는 점에서, 주요 정당에 대한 지지가 계급노선을 따른다고 널리 생각되었다(Lipset, 1963). 이러한 기존 경향들의 배경논리는 영국에서는 보수당과 노동당, 미국에서는 공화당과 민주당 같은 말하자면 좌우의 주요 정당들이 가능한 가장 넓은 범위의 유권자들에게 호소하는 것으로 보이는 맥락 속에서 자본과 노동의 이익을 각각 주로 대표한다는 것이다. 이것은 전체 국가를 위해 최선의 계획을 제공한다고 주장하면서 자본의 편에 서서 더 큰 불평등을 지지하거나(예: 사업가와 부유층에 대한 세금 감면) 노동의 편에 서서 더 큰 평등을 지지하는(예: 노동자와 덜 부유한 사람들을 위한 국가 연금) 경향이 있는 그들의 정책에서 명확하다.

이것은 노동계급/좌익 투표 그리고 중간계급/우익 투표 모형에 의해서는 물론, 노동조합은 좌익정당에 기업조직은 우익정당에 재정적으로 기부하는 경향에서 반영된다.

선거 및 재정적인 지지 면에서의 정당의 계급기초에 관한 이러한 전통적 지식은 미국 사회학자 립셋에 의해서 잘 요약되었다. 즉,

모든 현대 민주주의에서 서로 다른 집단들 사이의 갈등은 기본적으로 '계급투쟁의 민주주의적 변형'을 뜻하는 정당을 통해서 표현된다. 비록 많은 정당들이 계급투쟁이나 계급특권의 원리를 부인할지라도, 그들의 호소와 그들의 지지에 대한 분석은 그들이 서로 다른 계급들의 이해를 대표한다는 것을 보여준다. 세계적 척도에서 할 수 있는 원리적인 일반화는 정당들이 주로 하위계급이나 중간 및 상위 계급에 기초한다는 것이다. 이 일반화는 전통적으로 유럽의 계급분열 모형의 예외로 간주되어온 미국 정당들에 있어서조차도 들어맞는다(1963: 220).

영국과 미국에서 계급과 투표행위 사이의 분명한 관계는 전후 직후 시기를 관통하는 모든 사회조사와 투표 연구 자료들에서 분명히 나타났다. 예를 들어 립셋(1963)은 1950년대 자료를 인용하여 대다수의 '중간'계급이 영국에서는 보수당에 미국에서는 공화당에 투표한 반면, 대다수의 '노동'계급은 노동당과 민주당에 투표했다는 것을 보여주었다. 그러나 계급과 정치행위 사이의 연관성은 영국과 다른 유럽국가들에 비하여 미국에서 덜 뚜렷하다(Alford, 1963). 길버트와 칼(Gilbert and Kahl, 1983)에 따르면 여기에는 두 가지 주된 이유가 있다. 첫째로, 미국 민주당은 '사회주의적'이기보다 더 '자유주의적'이며 그래서 노동계급에 대해 덜 열성적인 경향이 있다. 둘째로, 인종과 민족이 계급단절을 무시하는 경향이 있음으로 해서 계급과 정당 사이의 연합을 약화시킨다. 미국 정치의 비교적 제한적인 계급경향은 미국의 예외주의에 관한 논쟁의 부분이다(제4장과 Piven, 1991 참조).

왜 어떤 사람들은 그들의 '본래' 계급이익에 반해서 투표하는가에 대한 설명은 또한 계급이론에 관련된다. 전형적으로 계급주변성은 예를 들어 농장노동자 같은 노동계급 우파의(Lipset 1963), 상향 이동한 경영자들 같은 중간계급 좌파의(Abramson, 1972) 특징이 된다. 다시 말해서, 노동계급의 비전형적인 구성원들은 우익정당에 더 투표하는 것 같고, 중간계급의 비전형적인 구성원들은 좌익정당에 더 투표하는 것 같다(영국

자료를 참조로 하는 이 문제에 대한 최근의 논의는 Heath and Evans, 1988 참조).

1970년과 1980년대 동안 영국(예: Butles and Stokes, 1974; Sarlvik and Crewe, 1983)과 미국(Flanigan and Zingale, 1975; Ladd and Hadley, 1978)의 몇몇 선거 분석가들은 계급과 정당지지 사이의 역사적 관계가 쇠퇴하고 있다고 주장함으로써 계급투표정설에 도전하였다.

이러한 쇠퇴는 계급구조와 계급관계상의 변화, 특히 증가하는 풍요, 감소하는 갈등 그리고 일반적인 계급 단편화에 기인하였으나, 자세하게 설명해주는 것은 거의 아니다.

계급분열에 대한 이론의 가장 충분한 설명 중 하나는 영국과 미국을 포함하는 선택된 서구 민주주의에서의 전후 계급투표모형들에 대해 고찰한 돌턴(Dalton, 1988)에 의해 제공되었다. 그는 본질적으로 직업적인 기초에서 계급을 조작화하였다(즉, 육체노동계급, 신·구중간계급을 포함한 비육체중간계급). 그는 계급투표를 비육체노동자들 사이의 투표의 좌익적 백분율 몫을 육체노동자들 사이의 그 몫으로부터 빼서 계산되는, 상대적 계급단합 측정방식인 앨퍼드(Alford)지표를 사용해 측정했다(Alford, 1963). 다시 말해서 전통적으로 계급투표의 이러한 지표를 계산하는 기초로서 좌익 투표가 사용되었지만, 이것은 우파 투표를 사용하는 것과 비록 덜 일반적이긴 해도 똑같이 단순하다. 돌턴은 장시간에 걸친 계급투표의 세속적인 쇠퇴를 보여주고, 이것은 사회·경제적 단절이 일반적으로 약화되는 추세를 반영한다고 주장하였다(1988: 158).

돌턴은 계급투표의 쇠퇴에 대한 세 가지 주된 이유들을 제시했다. 첫째로, 어떤 화이트칼라노동자들의 프롤레타리아화와 어떤 블루칼라노동자들의 부르주아화와 같은 계급구조에 있어서의 변화가 계급 차이를 감소시켰고 '계급투표모형의 수렴'에 이르렀다(Dalton, 1988: 158). 둘째 관련되는 것으로, 그는 사회이동의 높은 비율이 "전통적 계급과 당파 단합을 흐리게 하는" 경향이 있다고 주장하였다(1988:

159). 세번째로, 그는 1945년부터 "중도적인 유권자들을 끌어들이기 위해 … 그들의 선거적 호소"를 넓히려는 시도에서 이데올로기적으로 덜 계급적이 되었다고 주장하였다. 그래서 돌턴에게 있어서 "계급투표 모형들의 쇠퇴는 유권자들의 계급 정체성 약화와 계급에 근거한 문제들에 대한 정당 입지의 축소를 의미한다"(1988: 159). 돌턴의 계급분열에 대한 이론은 예를 들어 버틀러와 스톡스(Butler and Stokes, 1974) 같은 덜 상세한 설명들과 비교될 만하다.

계급투표가 서구 민주주의에서 쇠퇴해왔다는 명제는, 계급분열이 당연시되는 것으로 보이는 미국에서보다(Ladd, 1989) 영국에서, 특히 헤스와 그의 연구 동료들(Heath et al., 1985; Heath et al., 1991)에 의해서 좀더 비판적으로 평가되었다.

계급투표의 절대적 및 상대적 비율 사이의 다시 말해서 '그들 계급의 정당을 지지하는 유권자의 전체적 비율'과 '다른 사회계급에서의 특정 정당의 상대적 힘' 사이의 구별에 근거하여 헤스와 그의 동료들은 절대적 계급투표는 쇠퇴하였으나 상대적 계급투표는 거의 변하지 않았음을 보여준다(Heath et al., 1991: 64). 그들은 영국에서 "아주 간소한 정도의 계급 세속화(아마도 사회이동과 같은 과정들에 기인한)가 있어 왔으나, 이것은 정치적 변화를 설명하는 것과는 최소한의 관련이 있을 뿐이다"라고 결론내렸다(Heath et al., 1991: 78).

계급분열에 대한 이러한 비판은 이어서 광범위한 비판적 논평의 주제가 되어왔다. 예를 들어, 그들의 신베버주의 계급도식은 노동계급의 규모에 있어서의 주요한 축소를 포함하며(Crewe, 1986; Dunleavy, 1987) '서비스계급' 내의 정치적 분파들과 관련된 중요한 생산 부문이 있다고 지적하였다(Savage et al., 1992: 190). 또한, 그들의 상대적 계급투표에 대한 측정은 크류(Crewe)에 의해 비판되었는데, 그는 "선거에서는 선거인 명부와는 달리 상대적 가능성이 아닌 절대적 숫자

가 계산된다"고 주장하였다(1986: 638). 그리고 던리비(Dunleavy, 1987)
는 그들의 측정을 계급투표에 있어서 작은 변화에 왜곡될 만큼 지나
치게 민감하다고 주장하였다.

계급분열이론의 더 논쟁적인 측면은 노동계급이 정치적으로 덜
결속적이 되었다는 주장과 관계가 있다. 그러나 이러한 주장을 뒷받
침하는 체계적 자료는 있다하더라도 소수에 불과하다(Goldthorpe,
1987; Heath et al., 1985; Heath et al., 1991). 더욱이 계급과 정당 차이
가 감소되어왔다는 명제는 계급 불평등과 계급의식의 지속성과
(Marshall et al., 1988; Vanneman and Cannon, 1987), 1980년대 동안 대처
와 레이건 정부하의 정당정치의 이데올로기적 양극화(Edgell and
Duke, 1991; Krieger, 1986)에 비추어볼 때 유지되기 힘들다. 그래서 계
급분열이론이 신빙성있기 위해서는 그들을 표현하는 계급이해들과
이데올로기들이 유권자와 정당들에 미치는 영향이 쇠퇴하고 있다는
것을 보여줄 필요가 있을 것이다.

계급분열에 대한 지지자도 반대자도 계급이 더 이상 정치적 태도
와 행동에 관계가 없다고 말하지 않는 것은 주목할 만하며, 문제는
오히려 비투표를 포함하여 장시간에 걸친 계급과 투표 사이의 결합
정도이다(Piven, 1991 비교). 예를 들어, 돌턴(1988)은 계급이 여전히
투표행동에 영향을 준다고 인정하였지만, 이것은 전후시기 동안 쇠
퇴해왔다는 점을 인정하였다. 어떤 증거에 의해 헤스 등은 "계급 세
속화의 적당한 과정이 필시 일어났었을 것"이라고 시인하였다(1991:
78). '중간계급'의 지지를 끌어들이는 좌익정당과 '노동계급'의 지지
를 끌어들이는 우익정당과 함께 교차계급 투표자들이 항상 있어왔
다. 하지만 베블런(1970)을 되풀이하여 립셋이 언급했듯이 "보수적인
정당들은 인구 중의 더 위신있는 계급들과 제휴하고 하위계급들의
경제적 이해에 대한 좌익의 호소를 이겨내는 데 도움이 되는 호소를

하는 이점을 갖는다"(1963: 230).

  그럼으로 논쟁의 초기에서부터 교차계급투표의 개념은 정당들이 계급이익을 대표한다는 가정에 입각해왔으나 여전히 계급분열의 지지자들은 전형적으로 그들의 분석을 다른 계급들의 경제적 이해를 참조하지 않는 계급도식에 기초하며(예: Butler and Stokes, 1974), 계급분열의 반대자들은 그들의 분석을 계급이해를 참조하지만 자본의 대규모 소유주를 배제하는 계급도식에 기초한다(예: Heath et al., 1985). 그래서 "어떤 경험적 연구들도 그(마르크스: 역자 첨가)의 의미에서 계급을 사용하지 않았기 때문에" 정치에 대한 마르크스의 계급이해이론에 대한 직접적 증거는 거의 없다(Robinson and Kelly, 1979). 이것에 대한 가능한 이유 중의 하나는 주요 '고용주'가 인격체이기보다는 연금 기금일 것 같아 보이는 법인 혹은 조직자본주의 시대에 대규모 소유주들을 경험적으로 확인하는 문제 때문이다(Erikson and Goldthorpe, 1992). 결국 중요한 소유주를 중요하지 않은 소유주로부터 구별하려는 시도를 할 때, 자본가계급은 그들의 정치적 특성을 부인하는 것은 아니지만 우세한 중간규모 고용주들을 포함하는 경향이 있다(Edgell and Duke, 1991).

5. 요약과 결론

  계급 불평등과 계급정치학에 대한 논의를 둘러싼 측정 논쟁에도 불구하고, 이 장은 미국과 영국에서의 두 논쟁에 대한 분석에 계급개념이 중심적인 채로 남아 있다는 것을 보였다. 그래서 마르크스와 베버의 고전적 시각에서 계급에 부여된 중추적 역할은 여전히 현대 사회의 분석에 유관적합하다. 이것은 계급이 경제·정치 생활 체계의 뼈대를 만드는 유일한 요인이라고 주장하는 것은 아니다. 그러나 이것은 가장 근본적인 것이라고 할 만하다.

경제적 보상의 분배 경우에 주된 불평등들은 교환을 위한 사유재산의 소유에 관련되고, 이것의 지속성은 상속이 계속해서 중요하다는 것을 나타낸다. 비록 교육이 소득 불평등에 관련되지만, 자격의 취득은 그 자체가 계급에 의해 영향을 받는다. 비계급적 요인들, 특히 성과 인종/민족 또한 경제적 불평등의 모형화에 관련되지만 원초적이기보다 이차적인 중요성을 갖는다. 전후시기 동안 미국과 영국에서 경제적 불평등상에 약간 쇠퇴가 있었다는 몇몇 증거가 있다. 그러나 계급구조의 상층에는 부가, 하층에는 빈곤이 계속적으로 집중된다는 것은 마르크스의 이론적 예측과 대체로 같다. 계급과 투표 사이에 명확한 관계가 있다는 전후의 정설은 계급분열이론가들에 의해서 1970년대와 1980년대 동안 미국과 영국에서 도전받았다. 계속되어진 논의는 계급투표를 측정하는 가장 좋은 방식이 어떤 것인가에 집중되었고, 계급조작화의 문제에 대한 다양한 접근방식들을 포함하였다. 그 순수한 결과는 활발하고 때때로 고도로 기술적인 논의였고, 그것에 대한 해결은 대부분 선택된 계급투표의 측정에 달려 있다. 그래서 상대적 계급투표가 거의 변하지 않아온 것처럼 보이는 반면, 절대적 계급투표는 상당히 쇠퇴해왔다고 할 수 있다.

종합적으로 고찰해볼 때, 이 장의 두 개 주제는 측정되어진 것이라 할지라도 계급은 여전히 영국이나 미국과 같은 현대 산업자본주의사회들에서의 사회 생활에 대한 이해에 아직 유관적합하다는 것을 보여준다. 보다 구체적으로는 경제적 불평등과 정치의 모형화는 비록, 영향의 정도가 계속적으로 상당한 논의의 주제이긴 하지만, 계급과 관계된 채로 남아 있다. 그래서 계급의 '소멸'이란 때때로 언급되듯이(Westergaard and Resler 1975: 17 비교), 사회학적 환상이며 다음 마지막 장의 주제이다.

제7장 무계급과 계급의 종언

1. 서론

이 책의 계급연구를 관통하는 주된 주제는 마르크스와 베버에 의해 이룩된 이론적 전통들의 계속적인 중요성에 대한 것이었다. 그들은 서로 강조점을 달리함에도 불구하고, 베버의 표현으로 그들 두 사람은 모두 교환을 위한 재산의 소유와 무소유는 '모든 계급상황의 기본적 범주들'이라 주장하였다(1961: 181). 그러나 비록 베버의 계급에 대한 설명이 더 다원적이긴 하지만 두 사람 모두 자본주의사회의 역동적 속성에 대한 인식 속에서 여러 개의 다른 계급들을 구별하였다. 그래서 정의되어진 계급의 사회학적 의미는 계급관계가 일반적으로 사회구조에 대한 특히 경제적·정치적 생활에 대한 분석의 열쇠라는 것이다. 이러한 의미에서 영국과 미국 같은 산업자본주의 국가들은 여전히 계급사회라고 주장될 수 있다.

계급사회와 무계급의 미래에 대해서 마르크스와 베버의 독창적 공헌은 다시 한번 우리의 출발점을 제공한다. 마르크스에게 있어서 자본주의의 그에 따른 계급의 종언은 노동계급에 의한 자본가계급

의 혁명적 전복, 사유재산의 폐지 그리고 조건의 평등에 기초한 무
계급사회의 수립을 통해 달성된다. 그러나 성공적 혁명 후에 새로운
지배계급(ruling class)인 프롤레타리아트가 자본주의를 철폐하는 과도
기가 있을 것이다. 이를 두고 무계급의 일계급사회 단계라 부를 수
있다. 계급갈등을 불러일으켰던 낡은 생산조건들이 모든 계급 구별
들과 함께 일소되어질 때만이, "그 안에서 각각의 자유로운 발전이
모두의 자유로운 발전을 위한 조건이 되는" 무계급사회의 시작이
가능해질 것이다(Marx and Engels, 1848: 90). 그래서 마르크스의 사회
변동이론에서 현재의 다계급 갈등사회는 미래의 일계급 무계급사회
그리고 완전 무계급사회와 비호의적으로 비교된다.

　현저히 대조적으로, 베버에게 있어서는 '승리한 자본주의'의 '철
장'에서 벗어날 수 없다(1976: 181). 그는 "대중들의 물질적 운명은
점점 더 사적 자본주의의 점증하는 관료제적 조직의 꾸준하고 정확
한 기능수행에 의존한다. 이러한 조직들을 없애겠다는 생각은 점점
공상적이 된다"고 주장하였다(Weber, 1961: 229). 베버에게 있어서 관
료적 지배는 이 유형의 조직의 기술적 우위로 인해 불가피하며, 사
회주의는 문제를 개선하기보다는 악화시킬 것이다. 그들의 우월한
사업전문지식으로 해서 "자본주의적 기업가는 우리 사회에서 합리
적 관료적 지식의 통제에의 종속으로부터 최소한 상대적인 특권을
유지할 수 있는 유일한 유형이다"(1964: 339). 추가해서 베버는 비록
평등화 과정이 "지배하며 관료적으로 연결된 집단"과 대비하여 피
통치자들에게 제한적이긴 하지만(1961: 226), 관료제화는 "계급특권
들을 제거하는 경향이 있기 때문에 … 사회계급들의 평등화에 크게
유리한," '대우의 평등'을 포함한다고 지적하였다(1964: 340). 더욱이
베버는 관료적 권력의 사실상 파괴할 수 없는 속성과 재산이나 자격
의 소유에 기초한 유리한 특권계급들 사이의 사회적 폐쇄 가능성에

관심을 가졌다. 그래서 베버는 관료제화의 반민주적 속성에 대해서
는 유보를 표명했지만, 사회의 모든 영역에서 관료적 구조의 보급
증가와 결부시킨 차별과 특권의 쇠퇴에 따른 기회의 평등 면에서의
무계급을 논의하였다.

　그래서 마지막 분석에서 악한으로서의 자본가 혹은 영웅으로서의
자본가에 관련하여, 그리고 자본의 지배 혹은 관료적 지배에 관련하
여, 계급사회의 미래에 대한 견해에 있어서 마르크스와 베버 사이에
명확한 차이점이 있다. 종합하면, 마르크스는 프롤레타리아의 자본
의 지배에의 종속에 관심이 있었고, 계급의 재산 기초의 철폐가 진
정한 무계급사회의 달성에서 첫번째 필수적 단계라고 생각하였다.
반면, 베버는 자본가계급의 제거가 관료제적으로 권력을 부여받은
사람들에의 종속 증가를 초래할 것이라고 주장하였다. 따라서 그는
그 기회의 평등과 함께 관료적으로 조직화된 자본주의 체제의 합리
성과 증가된 그러나 제한된 사회 평등화에 호의를 가졌다.

2. 무계급의 현대적 개념

　무계급 아이디어에 대한 현대의 견해들은 모두 다소간에 어느 정
도 계급사회학에 대한 마르크스와 베버의 공헌에서 찾아질 수 있다.
거기에는 완전 무계급, 일계급 무계급, 다계급 무계급, 이렇게 무계
급에 대한 세 개의 주요 개념들이 있다.

　완전 무계급은 노동계급에 대한 자본가 권력의 기초이며, 경제적
불평등의 주 원천인 사유재산의 폐지를 포함하는 신마르크스주의적
개념이다. 성공을 확실히 하기 위해서 상속을 폐지하고 누진세제를
이행하며, 모든 이를 위한 무상교육·보건을 제공하고 어떤 하나의

사회집단이 정치권력을 독점하고 이를 그들 자신의 이익에서 행사
하는 것을 막는 것이 또한 필요할 것이다.

　이것은 무계급의 극단적인 판형이며, 그래서 그만큼 많은 문제가
있다. 첫째, 이것은 계급사회와 내적 외적 반대를 극복한다는 면에
서 의미가 있는 모든 것들을 완전히 바꾸어버린다는 것을 가정한다
는 점에서 매우 야심적이다. 둘째로, 무계급의 이러한 유형은 계층
의 지목된 바의 보편적인 기능적 필요성에 모순된다(Davis and Moore,
1945). 이러한 이론에 따르면, 사회계층은 기능적으로 중요한 위치들
을 차지하고 그들과 결부된 역할들을 수행하도록 사람들에게 동기
를 부여하는 모든 사회들이 직면한 문제를 해결한다. 셋째로, 관련
된 논쟁의 노선은 고도로 분화된 직업적 분업과 결속력 있는 친족체
제로 특징지어지는 어떠한 사회에서도 완전 무계급은 불가능하다는
것이다(Parsons, 1952). 마지막 네번째로, 무계급에 대한 이러한 개념
은 사회적 조화를 함축하나, 여전히 갈등은 모든 사회들에서 가치
있는 기능들을 수행한다(Coser, 1956). 예를 들어, 갈등은 관계들을 변
화시킬 뿐만 아니라 전체 사회들을 변형시킨다. 그래서 완전 무계급
에 반대하는 경우는 무계급은 비현실적이라는 것이다. 기능주의의
장점과 단점이 무엇이든 간에(기능주의적 계층이론에 대한 비판은 Tumin,
1953 참조), 아주 최소한 완전 무계급의 달성을 위협하는 사회적, 정
치적 장애물들이 수없이 많다.

　일계급 무계급은 '노동계급' 사회와 '중간계급' 사회라는 두 가지
형식을 취할 수 있다. 전자의 변형된 예는, '프롤레타리아 독재'로
자주 칭해지는 정부의 형식으로 특징지어지는 과도기 단계에서 소
련이나 공산주의 사회의 유형이다(이 용어가 오늘날 우리에게 그러하듯이
마르크스에게도 같은 경멸적 의미를 갖는 것은 아니다는 것을 언급하는 것이 중
요하다; 이점에 대한 간략한 논의를 위해서는 Mclellan, 1971 참조). 신마르크

스주의와 비마르크스주의의 다양한 시각들로부터(Parkin, 1971 참조) 그러한 사회에서는 사유재산이 없기 때문에 계급이 없고 모든 사람들이 생산수단에 대한 동일한 관계를 공유하기 때문에 계급갈등이 없다는 주장이 제기되어왔다. 사회적 및 경제적 분화가 지배적이나, 높은 사회이동률로 인해 계급들의 형성에 이르지 못한다. 주요하지만 일시적인 사회적 구분은 편재하는 공산당 관료주의와 비정당 시민 사이에 존재한다. 그러나 마르크스의 혁명적 계급변동이론에 의해 고무되어오고 있는 이 일계급 무계급 유형은 베버(1961, 1964)가 지적한 바의 경향, 즉 한 계층이 국가 권력을 독점하고 그 결부된 경제적 이익을 향유하는 위계통치제(hierocracy)로 발전하는 경향에 합치된다고 논할 만하다. 그래서 행정수단이 소수의 손에 집중되는 소비에트형의 사회들이 첫번째 단계를 넘어서 진보하는 데 실패한 것은 '실제적으로 깨어질 수 없는 것'이 깨어지는 것으로 끝난 것 같다(Weber, 1961: 228).

일계급 무계급의 '중간계급' 변형의 예는 현대 영국과 미국과 같은 사회들에서 모든 사람들은 중간계급이라는 주장이다(Mayer, 1956, 1959, 1963; Zweig, 1961) 이러한 무계급개념은 부르주아화에 대한 논쟁의 일부이며(제4장에서 간략히 논의되었다), 이 명제의 잘 증명된 증거상의 한계 때문에 곤란을 겪는다(Goldthorpe et al., 1969). 증가하는 번영과 직업구조상의 변화들은 소득 차이에서의 감소와 소비 유형의 평등화를 초래하고 있으며, 이러한 경제적 경향의 결과로 계급갈등과 계급차이가 쇠퇴한다는 점이 주장되었다. 이 명제에는 또한 정치적 차원이 있는데, 즉 풍요는 보수주의를 조장하고 급진주의를 억제한다는 것이다. 그래서 '중간계급성'은 직장·집·놀이·정치 어디에서나 명확하다. 이 명제는 사회학자들보다 사회평론가들 사이에서 더 인기있는 것 같고[골드소르프(1969) 등에 의해 인용된 출전 참조], 일단 이것이 체계적이고 비판적인 평가를 받게 되면 신빙성이 결여되는 것으로 나타났다. 경제 주기의 등락은 여전히 일어나고, 경제적 불안과 불평등은 사라지지 않았으며, 소비 수준은 분명히 향상되었으나 모든 계급들에게 그러한 것이지 노동계급만 그러한 것이 아니며, 기껏해야 계급갈등은 제도화되었지 사라지지 않았으며, 이른바 풍요한 노동자들은 계속 좌익정당들을 지지하였다. 그래서 중간계급 무계급이라는 생각은 신화이며, 이는 그릇된 가정과 증거와 이론에 기초한다.

종합해 고찰하면, 노동계급 무계급과 중간계급 무계급은 그것들 둘 다 재산에 기초한 고전적인 소유자-노동자 이분법이 초월되었다고 가정한다는 점에서 사회구조적 발전에 대한 후기 자본주의적 설명이다. 그래서 첫번째의 변형은 중간적 계급의 소멸에 입각하고, 두번째 변형은 노동계급의 소멸에 입각하며, 둘 다 지배계급(dominant class)의 존재를 부정한다. 사유재산의 폐지와 공산주의형 사회들의 지목된 바의 프롤레타리아화도, 사유재산의 비개인화와 자본주의형 사회들의 지목된 바의 부르주아화도, 그 어느 유형의 사회에서도 경제권력의 집중을 감소시키지 못했다.

다계급 무계급은 시민적 평등이 계급구조와 계급의식의 점진적인 단편화와 공존하는 사회를 칭한다. 무계급에 대한 이 고도로 다원적인 개념은 현대 (관료적 그리고 민주주의적)자본주의에서의 계급들에 대한 베버의 분석에 그 기원을 두고 있으며 사회계층의 기능주의모형에서 그 정점에 이른다. 그래서 다계급 무계급은 불공평한 평등한 기회를 수반하며 비평등주의적 무계급이라 불려왔다(Ossowski, 1963). 오소스키(1963: 107)에 따르면 이 무계급개념은 다음과 같은 특징적 면모를 갖는다.

1. "개인의 사회적 및 경제적 지위는 세습에 의해 결정되지 않는다. 그들이 평등한 출발을 하지는 않을지라도, 최고 위치에로의 길은 모두에게 열려 있다."
2. "사회적 지위 척도는 연속적인 지위 질서를 서로 다른 계층들의 등급으로 변형시킬 수 있는 어떠한 특징적인 장애요인들에 의해 깨지지 않는다."
3. "마지막 조건에 일치하여 어떠한 명확한 특권도 그러한 척도의 다양한 부분들에 부여되지 않으며, 사회지위의 높고 낮은 수준 사이에 이익에 대한 어떠한 항구적 갈등도 존재하지 않는다."
4. "계층들 사이의 사회적 접속 상에 어떠한 분리나 제한도 없다."

　무계급에 대한 이러한 개념화는 미국 강령의 기본적 신조, 즉 시민적 평등에(Ossowski, 1963), 미국 사회의 분명한 가치, 특히 기회의 평등과 개인적 성공에(Walliams, 1970) 일치한다. 따라서 이것은 누구나 상승이동을 이룰 수 있다는 가능성을 강조한다는 점에서 아메리칸 드림의 서술이다. 이러한 무계급 유형의 정치적 중요성은, 이것이 불평등을 개인적 능력에서의 차이에 돌림으로써 사회적 차별을 정당화한다는 것이다. 이 관점은 미국에만 해당되는 것이 아니라, 후기 자본주의 이데올로기의 한 부분이다(Abercrombie et al., 1980). 영국에서 이러한 종류의 무계급은 보수당 및 국가의 지도권을 위한 유세동안 존 메이저(John Major) 수상에 의해 옹호되었다. 즉 "나는 우리는 무계급사회를 필요로 한다고 생각하며 내가 사회이동이라 칭하는 것이 우리에게 필요하다고 생각한다. 내가 뜻하는 사회이동 그것은 그들 능력의 최대한을 달성하는 데 필요한 도움을 얻기 위한 모든 이의 능력이다"(≪Guardian≫ 1990년 11월 28일자).

　만약 모든 사람들이 평등하다면 옮겨갈 우수하거나 열등한 위치들이 있을 수 없기 때문에, 비평등주의적 무계급은 미국에서조차도 사회 건설에 모순되는 것으로 오랫동안 인식되어왔다(Warner, 1960). 더욱이 위계적 사회에서 모든 사람이 성공할 수 있는 것은 아니며, 만약 그렇지 않다면 추장이 인디안 수보다 많을 것이다. 소비자 만족에 대한 강조(Chinoy, 1955), 지위 공황(Mills, 1956), 일탈(Merton, 1968) 그리고 죄책감과 사회적 수치(Sennett and Cobb, 1977) 등과 같은 아메리칸 드림 달성 실패의 사회적 결과들에 초점을 맞춘 연구들은 그것의 본질적 모순을 나타낸다. 다계급 무계급에 대해 근본적으로 반대하는 것은 감추어진 그리고 그런 것만도 아닌 '계급의 감추어진 상처들'(Sennett and Cobb, 1977)이기 보다도 두드러진 경제적 불평등의 지속과 상대적 이동률의 불변성이 경제적 및 문화적 자본의 계속적인 세대간 전승의 중요성을 확인시켜준다는 점 때문이다. 무계급의 이러한 모형이 종속적 계급들의 대다수에게 단지 꿈 이상의 것이 되기 위해서는, 계급 상속이 엄격하게 박탈되어야 할 것이다. 다시 말해서, 기회의 평등과 진정한 개방사회의 달성을 방해하는 조건의 불평등들을 제거하는 데 정치적 개입이 필요해질 것이다(Goldthorpe, 1987).

3. 요약과 결론

마르크스와 베버에 의해 수립된 계급분석의 전통은 산업 자본주의사회들에서의 계급의 기원과 속성에 대한 고찰에서부터, 무계급과 계급사회의 미래에 대한 생각에까지 이른다. 약술된 세 가지 주된 무계급개념화, 즉 완전 무계급·일계급 무계급·다계급 무계급은 모두 다소간에 어느 정도 마르크스와 베버의 저작들과 연결될 수 있다. 고찰된 모든 무계급개념화들 중 가장 덜 비현실적인 것은 상승이동에 공식적 장벽들이 없다는 중요한 의미를 지닌 다계급 판형이다. 현대 자본주의의 계급체계는 비개인적이고 상대적으로 개방적이며 무계급이라는 아이디어가 강력한 영향을 미칠 수 있는 상황을 제공한다. 그러나 마르크스와 베버에 의해 지적된 바와 같이, 비평등주의적 무계급의 달성을 막는 본질적으로 모순적이거나 갈등적인 요소들이 많다. 예를 들어 마르크스가 강조하였고 베버가 언급했던 시장에서 재화의 소유자와 노동력의 판매자 사이의 계급이익의 대립이 그것이다. 게다가 베버는 유리한 특권계급의 기회독점 경향과 관료적 권력통제의 어려움을 주목하였다. 그래서 다계급 혹은 비평등주의 무계급 민주사회 수립에 대한 주요 장애물은, 고도로 관료제 화한 자본주의사회의 맥락 속에서 재산의 소유와 혹은 자격의 소유에 기초하든지 안 하든지 간에, 계급 불평등들의 지속성이다. 그러므로 설명할 필요가 있는 것은 계급의 소멸을 추정하는 것이 아니라 계급에 기초한 불평등과 정치의 모형의 완강함과 그외의 많은 것들이다. 한편 계급지배와 무계급은 현실보다는 오히려 꿈으로 남아 있다.

참고문헌

Abbott, P. 1990, "A re-examination of "Three theses re-examined," in G. Payne and P. Abbott(eds), *The Social Mobility of Women: Beyond Male Mobility Models*, London: Falmer Press.

Abbott, P. and Sapsford, R. 1987, *Women and Social Class*, London: Tavistock.

Abbott, P. and Wallace, C. 1990, *An Introduction to Sociology: Feminist Perspectives*, London: Routledge.

Abercrombie, N. et al. 1980, *The Dominant ideology Thesis*, London: Allen & Unwin.

Abercrombie, N. and Urry, J. 1983, *Capital, Labour and the Middle Classes*, London: Allen & Unwin.

Abramson, P. 1972, "Intergenerational social mobility and partisan choice," *American Political Science Review*, 66: 1291-1294.

Acker, J. 1973, "Women and social stratification," *American Journal of Sociology*, 78: 936-945.

Ahrne, G. 1990, "Class and society: a critique of John Goldthorpe's model of social classes," in J. Clark et al.(eds), *John H. Goldthorpe: Consensus and Controversy*, London: Falmer Press.

Alford, R. 1963, *Party and Society*, Chicago: Rand McNally.

Allen, P(ed.). 1963, *Pitirim A. Sorokin in Review*, Durham: Duke

University Press.

Arber, S. et al. 1986, "The limitations of existing social class classifications of women," in A. Jacoby(ed.), *The Measurement of Social Class*, London: Social Research Association.

Aron, R. 1972, *Progress and Disillusion*, London: Pelican.

Aronowitz, S. 1974, *The Shaping of American Working Class Consciousness*, New York: McGraw-Hill.

Atkinson, A. 1974, "Poverty and income inequality in Britain," in D. Wedderburn(ed.), *Poverty, Inequality and Class Structure*, Cambridge: Cambridge University Press.

_____. 1980, *Wealth, Income and Inequality*, Oxford: Oxford University Press(second edition).

_____. 1983, *The Economics of Inequality*, Oxford: Clarendon Press (second edition).

Attewell, P. 1989, "The clerk deskilled: a study in false nostalgia," *Journal of Historical Sociology*, 2: 357-388.

Auletta, K. 1982, *The Underclass*, New York: Random House.

Bagguley, P. and Mann, K. 1992, "Idle thieving bastards? Scholarly representations of the "underclass," *Work, Employment and Society*, 6: 113-126.

Baran, P. and Sweezy, P. 1968, *Monopoly Capital*, London: Pelican.

Bechhofer, F. et al. 1974, "The petite bourgeois in the class structure," in F. Parkin(ed.), *The Social Analysis of Class Structure*, London: Tavistock.

Bechhofer, F. and Elliot, B. 1978, "The politices of survival," in J. Garrard et al.(eds), *The Middle Class in Politices*, Farnborough: Saxon House.

_____. 1981, *The Petite Bourgeoisie*, London: Macmillan.

Bendix, R. 1960, *Max Weber: an Intellectual Portrait*, London: Heinemann.

Berle, A. A. and Means, G. C. 1968, *The Modern Corporation and Private Property*, New York: Harcourt, Brace & World Inc.(revised edition, first published in 1932).

Berlin, I. 1963, *Karl Marx*, London: Oxford University Press.

Blackburn, R. 1965, "The new capitalism," in P. Anderson and R. Blackburn(eds), *Towards Socialism*, London: Fontana.

Blackburn, R. and Mann, M. 1979, *The Working Class in the Labour Market*, London: Macmillan.

Bland, R. 1979, "Measuring "social class," *Sociology*, 13: 283-291.

Blau,.P. M. and Duncan, O. R. 1967, *The American Occupational Structure*, New York: Wiley.

Bogenhold, D. and Staber, U. 1991, "The decline and rise of self-employment," *Work, Employment and Society*, 5: 223-239.

Boissevain, J. 1984, "Small entrepreneurs in contemporary Europe," In R. Ward and R. Jenkins(eds), *Ethnic Communities in Business*, Cambridge: Cambridge University Press.

Boston, G. 1980, "Classification of occupations," *Population Trends*, 20: 9-11.

Bottomore, T. 1989, "The capitalist class," in T. Bottomore and R. Brym(eds), *The Capitalist Class: an International Study*, London: Harvester-Wheatsheaf.

_____. 1991, *Classes in Modern Society*, London: HarperCollins(revised edition, first published in 1965).

Bottomore, T. et al.(eds) 1991, *A Dictionary of Marxist Thought*, Oxford: Blackwell(second edition).

Bourdieu, P. 1971, "Cultural reproduction and social reproduction," *Social Science Information*, 20: 45-99.

_____. 1984, *Distinction: a Social Critique of the Judgement of Taste*, London: Routledge and Kegan Paul.

Braverman, H. 1974, *Labour and Monopoly Capital: the Degradation of Work in the Twentieth Century*, New York: Monthly Review Press.

Brewer, R. 1986, "A Note on the changing status of the Registrar Gerleral's classification of occupations," *British Journal of Sociology*, 37: 131-140.

Britten, N. and Heath, A. 1983, "Women, men and social class," in E. Gamarnikow et al.(eds) *Gender, Class and Work*, London:

Heinemann.

Brown, C. 1984, *Black and White Britain*, London: Heinemann.

Brown, R. 1990, "A flexible future in Europe? Changing patterns of employment in the United Kingdom," *British Journal of Sociology*, 41: 301-327.

Burnham, J. 1945, *The Managerial Revolution*, London: Pelican(first published in 1941).

Burrows, R.(ed.) 1991, *Deciphering the Enterprise Culture: Entrepreneurship, Petty Capitalism and the Restructuring of Britain*, London: Routledge.

Burrows, R. and Curran, J. 1989, "Sociological research on the service sector small businesses," *Work, Employment and Society*, 3: 527-539.

Butler, D. and Stokes, D. 1974, *Political Change in Britain*, London: Macmillan.

Carchedi, G. 1977, *On the Economic Identification of Social Classes*, London: Routledge and Kegan Paul.

_____. 1989, "Classes and class analysis," in E. O. Wright(ed.), *The Debate on Classes*, London: Verso.

Carter, R. 1985, *Capitalism, Class Conflict and the New Middle Class*, London: Routledge and Kegan Paul.

Carter, R. 1986, "Review of classes," *Sociological Review*, 34: 686-688.

Child, J. 1969, *The Business Enterprise in Modern Industrial Society*, London: Macmillan.

Chinoy, E. 1955, *Automobile Workers and the American Dream*, Boston : Beacon.

Clegg, S. et al. 1986, *Class, Politics and the Economy*, London: Routledge.

Cohen, J. and Rodgers, J. 1988, "Reaganism after Reagan," in R. Miliband (ed.), *The Socialist Register*, London: Merlin.

Collins, R. 1979, *The Credential Society*, London: Academic Press.

Conk, M. A. 1978, "Occupational classification in the United States census: 1870-1940," *Journal of Interdisciplinary History*, 9: 111-130.

Cornforth, C. et al. 1988, *Developing Successful Worker Co-operatives*,

London: Sage.

Coser, L. 1956, *The Functions of Social Conflict*, Glencoe: Free Press.

_____. 1977, *Masters of Sociological Thought: Ideas in Historical and Social Context*, New York: Harcourt Brace Jovanovich(second edition).

Coxon , A. et al. 1986, *Images of Social Stratification*, London: Sage.

Crewe, I. 1986, "On the death and resurrection of class voting: some comments on "How Britain Votes," *Political Studies*, 34: 620-638.

Crompton, R. 1990, "Goldthorpe and Marxist theories of historical development," in J. Clark et al.(eds) *John H. Goldthorpe: Consensus and Controversy*, London: Falmer Press.

Crompton , R. and Gubbay, J. 1977, *Economy and Class Structure*, London: Macmillan.

Crompton, R. and Jones, G. 1984, *White Collar Proletariat*, London: Macmillan.

Crompton, R. and Mann, M. 1986, *Gender and Stratification*, Cambridge: Cambridge University Press.

Crompton, R. and Reid, S. 1983, "The deskilling of clerical work," in S. Wood(ed.), *The Degradation of Work*, London: Hutchinson.

Crossland, C. 1964, *The Future of Socialism*, London: Cape(first published in 1956).

Crowder, N. 1974, "A critique of Duncan's stratification research," *Sociology*, 8: 19-45.

Curran, J. and Burrows, R. 1986, "The sociology of petite capitalism," *Sociology*, 20: 265-279.

Curran, J. et al.(eds) 1986, *The Survival of the Small Firm I: the Economics and Survival of Entrepreneurship*, Aldershot: Gower.

Cutler, A. 1978, "The romance of labour," *Economy and Society*, 7: 74-79.

Dahrendorf, R. 1959, *Class and Class Conflict in an Industrial Society*, London: Routledge and Kegan Paul.

_____. 1964, "Recent changes in the class structure of European societies," *Daedalus*, 93: 225-270.

Dale, A. et al. 1985, "Integrating women into class theory," *Sociology*, 19: 38-408.

Dalton, R. 1988, *Citizen Politics in Western Democracies*, Chatham, NJ: Chatham House.

Davies, C. 1980, "Making sense of the census in Britain and the USA," *Sociological Review*, 28: 581-609.

Davis, K. and Moore, W. 1945, "Some principles of stratification," *American Sociological Review*, 10: 242-9.

Delphy, C. 1981, "Women in stratification studies" in H. Roberts(ed.), *Doing Feminist Research*, London: Routledge and Kegan Paul.

De Vroey, M. 1975, "The corporation and the labor process: the separation of ownership and control in large corporations," *Review of Radical Political Economics*, 7: 1-10.

Devine, F. 1992, *Affluent Workers Revisited*, Edinburgh: Edinburgh University Press.

Dex, S. 1985, *The Sexual Division of Work*, Brighton: Wheat-sheaf.

_____. 1987, *Women's Occupational Mobility*, London : Macmillan.

_____. 1990, "Goldthorpe on class and gender: the case against," in J. Clark et al.(eds), John H. *Goldthorpe: Consensus and Controversy*, London: Falmer Press.

Domhoff, G. 1967, *Who Rules America?*, New Jersey: Prentice Hall.

Drudy, S. 1991, "The classification of social class in sociological research," *British Journal of Sociology*, 42: 21-41.

Duke, V. and Edgell, S. 1987, "The operationalization of class in British sociology," *British Journalof Sociology*, 38: 445-63.

Dunleavy, P. 1980, *Urban Political Analysis*, London: Macmillan.

Dunleavy, P. 1987, "Class dealignment in Britain revisited," *West European Politics*, 10: 400-419.

Dunleavy, p. and Husbands, C. 1985, *British Democracy at the Crossroads*, London: Allen & Unwin.

Edgell, S. 1980, *Middle Class Couples*, London: Allen and Unwin.

180   계급사회학

_____. 1987, "Veblen: social theorist and social critic," *Salford Papers in Sociology no. 3*, Salford: University of Salford.

_____. 1989, "Book review of Status by B. S. Turner," *Sociology*, 23: 647-648.

_____. 1992, "Veblen and post-Veblen studies of conspicuous consumption: social stratification and fashion," *Revue Internationale de Sociologie*, Nouvelle Serie-N3: 205-227.

Edgell, S. and Duke, V. 1983, "Gender and social policy: the impact of the public expenditure cuts and reactions to them," *Journal of Social Policy*, 12: 357-378.

_____. 1986, "Radicalism, radicalization and recession," *British Journal of Sociology*, 37: 479-512.

_____. 1991, *A Measure of Thatcherism: a Sociology of Britain*, London: HarperCollins.

Edgell, S. and Hart, G. 1988, "Informal work: a case study of moonlighting firemen," *Salford Papers in Sociology* no. 6, Salford: University of Salford.

Edgell, S. and Tilman, R. 1991, "John Rae and Thorstein Veblen on conspicuous consumption," *History of Political Economy*, 23: 167-180.

Edgell, S. and Townshend, J. 1992, "John Hobson, Thorstein Veblen and the phenomenon of imperialism: finance capital, patriotism and war," *American Journal of Economics and Sociology*, 51: 401-420.

Erikson, R. 1984, "Social class of men, women and families," *Sociology*, 18: 500-514.

Erikson, R. and Goldthorpe, J. H. 1985, "Are American rates of social mobility exceptionally high? New evidence on an old issue," *European Sociological Review*, 1: 1-22.

_____. 1992, *The Constant Flux: a Study of Class Mobility in Industrial Societies*, Oxford: Clarendon Press.

Erikson, R., Goldthorpe, J. H. and Portocarero, L. 1979, "Intergenerational class mobility in three western European societies: England, France and Sweden," *British Journal of Sociology*, 30: 415-41.

_____. 1982, "Social fluidity in industrial nations: England, France and Sweden," *British Journal of Sociology*, 33: 1-34.

_____. 1983 "International social mobility and the convergence thesis," *British Journal of Sociology*, 34: 303-343.

Evans, G. 1992, "Is Britain a class-divided society?," *Sociology*, 26: 233-258.

Featherman, D. 1981, "Social stratification and mobility: two decades of cumulative social science," *American Behavioral Scientist*, 24: 364-385.

Featherman, D. and Hauser, R. 1978, *Opportunity and Change*, New York: Academic Press.

Fevre, R. 1991, "Emerging "alternatives" to full-time and permanent employment," in P. Brown and R. Scase(eds), *Poor Work: Disadvantage and the Division of Labour*, Milton Keynes: Open University.

Field, F. 1989, *Losing Out: the Emergence of Britain's Underclass*, Oxford: Blackwell.

Finch, J. 1983, *Married to the Job*, London: Allen and Unwin.

Flanigan, W. and Zingale, N. 1975, *Political Behaviour of the American Electorate*, Boston: Allyn and Bacon(third edition).

Ford, J. 1989, "Casual work and owner occupation," *Work, Employment and Society*, 3: 29-48.

Form, W. 1982, "Self-employed manual workers: petty bourgeois or working class?," *Social Forces*, 60: 1050-1069.

Galbraith, J. 1967, *The New Industrial State*, London: Hamish Hamilton.

Gallie, D. 1988, "Employment, unemployment and social stratification," in D. Gallie(ed.), *Employment in Britain*, Oxford: Blackwell.

_____. 1991, "Patterns of skill change: upskilling, deskilling or the polarization of skills?," *Work, Employment and Society*, 5: 319-351.

Gamarnikow, E. et al.(eds) 1983, *Gender, Class and Work*, London:

Heinemann.

Gerry, C. 1985, "Small enterprises, the recession and the 'disappearing working class'," in G. Rees et al.(eds), *Political Action and Social Identity*, London: Macmillan.

Gerth, H. and Mills, C. W. 1961, *Character and Social Structure*, London: Routledge and Kegan Paul(first published in 1954).

Giddens, A. 1979, *The Class Structure of the Advanced Societies*, London: Hutchinson(first published 1973).

_____. 1985, "In place of emptiness," *New Society*, 74: 383-384.

Gilbert, D. and Kahl, J. 1987, *The American Class Structure*, Belmont: Wadsworth(third edition).

Glass, D.(ed.) 1964, *Social Mobility in Britain*, London: Routledge(first published in 1954).

Glenn, N. et al. 1974, "Patterns of intergenerational mobility of females through marriage," *American Sociological Review*, 39: 633-699.

Goldthorpe, J. H. 1972, "Class, status and party in modern Britain: some recent interpretations, Marxist and Marxisant," *European Journal of Sociology*, 13: 342-372.

_____. 1982, "On the service class, its formation and future," in A. Giddens and G. MacKenzie(eds), *Social Class and the Division of Labour*, Cambridge: Cambridge University Press.

_____. 1983, "Women and class analysis: in defence of the conventional view," *Sociology*, 17: 465-488.

_____. 1984, "Women and class analysis: a reply to the replies," *Sociology*, 18: 491-499.

_____. 1987, *Social Mobility and Class Structure in Modern Britain*, Oxford: Clarendon Press(revised edition, first published in1980).

_____. 1990, "A response" in J. Clark et al.(eds), *John H. Goldthorpe: Consensus and Controversy*, London: Falmer Press.

Goldthorpe, J. H. et al. 1968, *The Affluent Worker: Industrial Attitudes and Behaviour*, Cambridge: Cambridge University Press.

_____. 1969, *The Affluent Worker in the Class Structure*, Cambridge:

Cambridge University Press.

Goldthorpe, J. H. and Bevan, P. 1977, "The study of social stratification in Great Britain," *Social Science Information*, 16: 279-334.

Goldthorpe, J. H. and Hope, K. 1974, *The Social Grading of Occupations*, Oxford: Clarendon Press.

Goldthorpe, J.H. and Lockwood, D. 1963, "Affluence and the British class structure," *Sociological Review*, 11: 133-163.

Goldthorpe , J. H. and Payne, G. 1986, "Trends in intergenerational class mobility in England and Wales 1972-1983," *Sociology*, 20: 1-24.

Goss, D. 1991, *Small Business and Society*, London: Routledge.

Gouldner, A. 1979, *The Future of Intellectuals and the Rise of the New Class*, London: Macmillan.

Gramsci, A. 1971, *Selections from the Prison Notebooks*, London: Lawrence and Wishart.

Grieco, M. 1981, "The shaping of a workforce: a critique of the Affluent Worker study," *International Journal of Sociology and Social Policy*, 1: 62-88.

Hacker, H. 1951, "Women as a minority group," *Social Forces*, 20: 60-69.

Hakim, C. 1980, "Census reports as documentary evidence: the census commentaries 1801-1951," *Sociological Review*, 28: 551-580.

_____. 1988, "Self-employment in Britain: a review of recent trends and issues," *Work, Employment and Society*, 2: 412-450.

Hamilton, R. 1972, *Class and Politics in the United States*, New York: Wiley.

Harrington, M. 1984, *The New American Poverty*, New York: Holt, Rinehart and Winston.

Hauser, R. and Featherman, D. 1977, *The Process of Stratification*, New York: Academic Press.

Heath, A. 1981, *Social Mobility*, London: Fontana.

Heath, A. and Britten, N. 1984, "Women's jobs do make a

difference," *Sociology*, 18: 475-490.

Heath, A. and Evans, G. 1988, "Working-class conservatives and middle class socialists," in R. Jowell et al.(eds), *British Social Attitudes: the 5th Report*, Aldershot: Gower.

Heath, A. et al. 1985, *How Britain Votes*, Oxford: Pergamon.

_____. 1987, "Trendless fluctuation: a reply to Crewe," *Political Studies*, 35: 256-277.

_____. 1988, "Class dealignment and the explanation of political change: a reply to Dunleavy," *West European Politics*, 11: 146-148.

_____. 1991, *Understanding Political Change: the British Voter 1964-1987*, Oxford: Pergamon.

Heisler, B. 1991, "A comparative perspective on the underclass," *Theory and Society*, 20: 455-483.

Henry, S. 1982, "The working unemployed: perspectives on the informal economy and unemployment," *Sociological Review*, 30: 460-477.

Hindess, B. 1973, *The Use of Official Statistics in Sociology*, London: Macmillan.

Hird, C. and Iwine, J. 1979, "The poverty of wealth statistics," in J. Irvine et al.(eds) *Demystifying Social Statistics*, London: Pluto Press.

Hodge, R. W., Treiman, D. and Rossi, P. H. 1967, "Occupational prestige in the United States 1925-1963," in R. Bendix and S.M. Lipset(eds), *Class, Status and Power*, London: Routledge and Kegan Paul(second edition).

Holmwood, J. M. and Stewart, S. 1983, "The role of contradictions in modern theories of social stratification," *Sociology*, 17: 234-254.

Huaco, G. 1966, "The functionalist theory of stratification: two decades of controversy," *Inquiry*, 9: 215-240.

Hudson, J. 1989, "The birth and death of firms," *Quarterly Review of Economics and Business*, 29: 68-86.

Hyman, R. and Price, R.(eds) 1983, *The New Working Class? White*

Collar Workers and Their Organisations, London: Macmillan.

Institute of Employment Research 1987, *Review of the Economy and Employment*, Coventry: University of Warwick.

International Labour Office[ILO]. 1968, *The International Standard Classification of Occupations*, Geneva: ILO.

Irvine, J. et al.(eds) 1979, *Demystifying Social Statistics*, London: Pluto Press.

Johnson, H. 1973, *The Theory of Income Distribution*, London: Gray-Mills.

Katznelson, I. 1981, *City Trenches: Urban Politics and the Patterning of Class in the United States*, Chicago: University of Chicago Press.

Kelsall, R. and Mitchell, S. 1959, "Married women and employment in England and Wales," *Population Studies*, 13: 19-33.

Kemeny, P. 1972, "The affluent worker project: some criticisms and a derivative study," *Sociological Review*, 20: 373-389.

Kolko, G. 1962, *Wealth and Power in America: an Analysis of Social Class and Income Distribution*, London: Thames and Hudson.

Krieger, J. 1986, *Reagan, Thatcher and the Politics of Decline*, Cambridge: Polity.

Ladd, E. 1989, "The 1988 elections: continuation of the post-New Deal system," *Political Science Quarterly*, 104: 1-18.

Ladd, E . and Hadley, C. 1978, *Transformations of the American Party System*, New York: W.W. Norton(second edition).

Lash, S. and Urry, J. 1987, *The End of Organized Capitalism*, Cambridge : Polity.

Leete, R. and Fox, J. 1977, "Registrar General's social classes," *Population Trends*, 8: 1-7.

Levy, F. 1987, *Dollars and Dreams: the Changing American Income Distribution*, New York: Russell Sage Foundation.

Lipset, S. M. 1963, *Political Man*, London: Heinemann.

_____. 1969, *Revolution and Counter Revolution*, London: Heinemann.

_____. 1991, "American exceptionalism reaffirmed," in B. Schafer(ed.), *Is America Different? A New Look at American Exceptionalism*,

Oxford: Clarendon Press.

Lipset, S. M. and Bendix, R. 1951, "Social status and social structure," *British Journal of Sociology*, 2: 150-168 and 230-254.

_____. 1959, *Social Mobility in Industrial Society*, Berkeley: University of California Press.

Lipset, S. M. and Zetterberg, H. L. 1956, "The theory of social mobility," *Transactions of the Third World Congress of Sociology*, 3: 155-177.

Littler, C. and Salaman, G. 1984, *Class at Work*, London: Batsford.

Lockwood, D. 1989, *The Blackcoated Worker*, Oxford: Oxford University Press(second edition).

Loutfi, M. 1991, "Self-employment patterns and policy issues in Europe," *International Labour Review*, 130: 1-19.

Lowe, G. 1987, *Women in the Administrative Revolution*, Cambridge: Polity.

Lupton, C. and Wilson, C. 1959, "The social background and connections of top decision-makers," *The Manchester School of Economics and Social Studies*, 27: 30-51.

McDermott, J. 1991, *Corporate Society: Class, Property, and Contemporary Capitalism*, Boulder, CO: Westview Press.

MacKenzie, G. 1974, "The 'Affluent Worker' study: an evaluation and critique," in F. Parkin(ed.), *The Social Analysis of Class Structure*, London: Tavistock.

_____. 1977 "The political economy of the American working class," *British Journal of Sociology*, 28: 24-52.

McLellan, D. 1971, *The Thought of Karl Marx*, London: Macmillan.

McNally, F. 1979, *Women for Hire: a Study of the Female Office Worker*, London: Macmillan.

Macnicol, J. 1987, "In pursuit of the underclass," *Journal of Social Policy*, 16: 293-318.

McRae, S. 1986, *Cross-class Families*, Oxford: Oxford University Press.

Mallet, S. 1975, *The New Working Class*, Nottingham: Spokesman.

Mann, M. 1973, *Consciousness and Action among the Western Working*

Class, London: Macmillan.

Marsh, C. 1986, "Social class and occupation," in R. Burgess(ed.), *Key Variables in Social Investigation*, London: Routledge and Kegan Paul.

Marshall, G. 1988, "Classes in Britain: Marxist and official," *European Sociological Review*, 4: 141-154.

Marshall, G. et al. 1988, *Social Class in Modern Britain*, London: Hutchinson.

Marx, K. 1952, *Wage Labour and Capital*, Moscow: Progress Publishers.

_____. 1969, *Theories of Surplus Value II*, London: Lawrence and Wishart.

_____. 1970a, *Capital I*, London: Lawrence and Wishart.

_____. 1970b, *Economic and Philosophical Manuscripts of 1844*, London: Lawrence and Wishart.

_____. 1971, *The Poverty of Philosophy*, New York: International Publishers.

_____. 1972, *The Eighteenth Brumaire of Louis Bonaparte*, Moscow: Progress Publishers.

_____. 1974, *Capital III*, London: Lawrence and Wishart.

Marx, K. and Engels, F. 1848, *Manifesto of the Communist Party*, Moscow: Foreign Languages Publishing House, n.d.

_____. 1962, *On Britain*, Moscow: Foreign Languages Publishing House.

_____. 1970, *The German Ideology I*, London: Lawrence and Wishart.

Mattera, P. 1985, *Off the Books: the Rise of the Underground Economy*, London: Pluto.

Mayer, K. B. 1956, "Recent changes in the class structure of the United States," *Transactions of the Third World Congress of Sociology*, London: International Sociological Association, 3: 66-80.

_____. 1959, "Diminishing class differentials in the United States," *Kyklos*, 12: 605-627.

_____. 1963, "The changing shape of the American class structure,"

Social Research, 30: 458-463.

Merton, R. 1968, *Social Theory and Social Structure*, New York: Free Press.

Miliband, R. 1973, *The State in Capitalist Society*, London: Quartet.

_____. 1989, *Divided Societies*, Oxford: Oxford University Press.

Miller, S. M. 1960, "Comparative social mobility," *Current Sociology*, 9: 1-89.

Mills, C.W. 1956, *White Collar*, Oxford: Oxford University Press(first published 1951).

_____. 1967, *The Sociological Imagination*, Oxford: Oxford University Press(first published 1959).

_____. 1968, *The Power Elite*, Oxford: Oxford University Press(first published 1956).

Moon, M. and Sawhill, I. 1984, "Family incomes," in J. Palmer and I. Sawhill(eds), *The Reagan Record*, Cambridge, Mass: Ballinger.

Morris, M. 1989, "From the culture of poverty to the underclass," *American Sociologist*, 20: 123-133.

Murgatroyd, L. 1982, "Gender and occupational stratification," *Sociological Review*, 30: 574-602.

_____. 1984, "Women, men and the social grading of occupations," *British Journal of Sociology*, 35: 473-497.

Myrdal, G. 1944, *An American Dilemma*, New York: Harper.

Nichols, T. 1969, *Ownership, Control, and Ideology*, London: Allen and Unwin.

_____. 1979, "Social class: official sociological and Marxist," in J. Irvine et al.(eds), *Demystifying Social Statistics*, London: Pluto Press.

O'Connor, J. 1973, *The Fiscal Crisis of the State*, New York: St. Martin's Press.

Office of Population Consensus and Surveys[OPCS]. 1980, *Classification of Occupations*, London: HMSO.

Ossowski, S. 1969, *Class Structure in the Social Consciousness*, London: Routledge and Kegan Paul.

Pahl, J. 1989, *Money and Marriage*, London: Macmillan.

Pahl, R. 1984, *Divisions of Labour*, Oxford: Blackwell.

Pahl, R. and Winkler, J. 1974, "The economic elite: Theory and practice," in P. Stanworth and A. Giddens(eds), *Elites and Power in British Society*, Cambridge: Cambridge University Press .

Parkin, F. 1971, *Class Inequality and Political Order*, London: MacGibbon and Kee.

_____. 1979, *Marxism and Class Theory: a Bourgeois Critique*, London: Tavistock.

Parsons, T. 1952, *The Social System*, Glencoe: Free Press.

Pawson, R. 1989, *A Measure for Measures: a Manifesto for Empirical Sociology*, London: Routledge.

Payne, G. 1990, "Social mobility in Britain: a contrary view," in J. Clark et al.(eds), *John H. Goldthorpe: Consensus and Controversy*, London: Falmer Press.

Payne, G. and Abbott, P.(eds) 1990, *The Social Mobility of Women*, Basingstoke, Falmer Press.

Penn, R. 1981, "The Nuffield class categorization," *Sociology*, 15: 265-271.

Penn, R. and Scattergood, H. 1985, "Deskilling or enskilling? An empirical investigation of recent themes of the labour process," *British Journal of Sociology*, 36: 611-630.

Piachaud, D. 1982, "Patterns of income and expenditure within families," *Journal of Social Policy*, 11: 469-482.

Piven, F.(ed.) 1991, *Labor Parties in Postindustrial Societies*, Cambridge: Polity.

Piven, F. and Cloward, R. 1982, *The New Class War*, New York: Pantheon Books.

Poulantzas, N. 1979, *Class in Contemporary Capitalism*, London: New Left Books.

Price, R. and Bain, G. 1983, "Union growth in Britain: retrospect and prospect," *British Journal of Industrial Relations*, 21: 46-68.

Reid, I. 1989, *Social Class Differences in Britain*, London: Fontana(third edition).

Reid, I. and Wormald, E.(eds) 1982, *Sex Differences in Britain*, London: Grant McIntyre.

Renner, K. 1978, "The service class," in T. Bottomore and P. Goode (eds), *The Development of Capitalism*, Oxford: Clarendon Press(this article was first published in 1953).

Rex, J. and Tomlinson, S. 1979, *Colonia limmigrants in a British City: a Class Analysis*, London: Routledge and Kegan Paul.

Riddell, P. 1989, *The Thatcher Decade*, Oxford: Blackwell.

Roberts, H.(ed.) 1981, *Doing Feminist Research*, London: Routledge.

Robinson, R. and Kelley, J. 1979, "Class as conceived by Marx and Dahrendorf: effects on income inequality and politics in the United States and Great Britain," *American Sociological Review*, 44: 38-58.

Roemer, J. 1982, *A General Theory of Exploitation and Class*, Cambridge, Mass: Harvard University Press.

Rogoff, N. 1953, *Recent Trends in Occupational Mobility*, Glencoe: Free Press.

Rose, D. and Marshall, G. 1986, "Constructing the (W)right classes," *Sociology*, 20: 440-445.

Ross, D. 1991, *The Origins of American Social Science*, Cambridge: Cambridge University Press.

Routh, G. 1987, *Occupations of the People of Great Britain, 1801-1981*, London: Macmillan.

Runciman, W. 1990, "How many classes are there in contemporary British society?," *Sociology*, 24: 377-396.

Safilious-Rothschild, C. 1969, "Family sociology or wive's family sociology," *Journal of Marriage and the Family*, 31: 290-301.

Sarlvik, B. and Crewe, I. 1983, *Decade of Dealignment*, Cambridge: Cambridge University Press.

Saunders, P. 1990, *Social Class and Stratification*, London: Routledge.

Savage, M. et al. 1992, *Property, Bureaucracy and Culture: Middle-Class Formation in Contemporary Britain*, London: Routledge.

Scase, R. and Goffee, R. 1980, *The Real World of the Small Business Owner*, London: Croom Helm.

_____. 1982, *The Entrepreneurial Middle Class*, London: Croom Helm.

Schwendinger, J. and Schwendinger, H. 1971, "Sociology's founding fathers: sexists to a man," *Journal of Marriage and the Family*, 33: 783-799.

Scott, J. 1982, *The Upper Classes*, London: Macmillan.

_____. 1985, *Corporations, Classes and Capitalism*, London: Hutchinson (second edition).

_____. 1991, *Who Rules Britain?*, Cambridge: Polity

Sennett, R. and Cobb, J. 1977, *The Hidden Injuries of Class*, Cambridge: Cambridge University Press.

Shafer, B.(ed.) 1991, *Is America Different? A New Look at American Exceptionalism*, Oxford: Clarendon Press.

Singelmann, J. and Tienda, M. 1985, "The process of occupational change in a service society," in B. Roberts et al.(eds), *New Approaches to Economic Life*, Manchester: Manchester University Press.

Smith, J. and Franklin, S. 1980, "Concentration of personal wealth in the United States," in A. Atkinson(ed.), *Wealth, Income and Inequality*, Oxford: Oxford University Press.

Social Trends 21. 1991, London: HMSO.

Sombart, W. 1976, *Why Is There No Socialism in the United States?*, London: Macmillan(first published in 1906).

Sorokin, P. 1964, *Social and Cultural Mobility*, New York: Free Press(first published in 1927).

Stanworth, M. 1984, "Women and class analysis: a reply to Goldthorpe," *Sociology*, 18: 159-170.

Stark, T. 1987, *Income and Wealth in the 1980s*, London: Fabian Society.

Steinmetz, G. and Wright, E. 1989, "The fall and rise of the petty bourgeoisie," *American Journal of Sociology*, 94: 973-1018.

Stewart, A. et al. 1980, *Social Stratification and Occupations*, London:

Macmillan.

Stinchcombe, A. 1989, "Education, exploitation and class consciousness," in E. O. Wright(ed.), *The Debate on Classes*, London: Verso.

Storey, D.(ed.) 1983, *The Small Firm: An International Survey*, London: Croom Helm.

Szreter, R. 1984, "The genesis of the Registrar-General's social classification of occupations," *British Journal of Sociology*, 5: 522-546.

Thompson, P. 1983, *The Nature of Work*, London: Macmillan.

Titmuss, R. 1962, *Income Distribution and Social Change*, London: Allen and Unwin.

Tocqueville, A. de. 1948, *Democracy in America*, New York: Knopf (first published in two parts 1835 and 1840).

Townsend, P. 1979, *Poverry in the United Kingdom*, London: Penguin.

Tumin, M. 1953, "Some principles of stratification: A critical analysis," *American Sociological Review*, 28: 387-394.

_____(ed.). 1970, *Readings on Social Stratification*, Englewood Cliffs NJ: Prentice-Hall.

Vanneman, R. and Cannon, L. 1987, *The American Perception of Class*, Philadelphia: Temple University Press.

Veblen, T. 1963, *The Engineers and the Price System*, New York: Harcourt edn.(first published 1921).

_____. 1964, *An Enquiry into the Nature of Peace and the Terms of its Perpetuation*, New York: Kelley(first published 1917).

_____. 1970, *The Theory of the Leisure Class*, London: Allen and Unwin(first published 1899).

Walby, S. 1986, *Patriarchy at Work*, Minneapolis: University of Minnesota Press.

Walker, A. and Walker, C. 1987, *The Growing Divide*, London: Child Poverty Action Group.

Warner, W. 1960, *Social Class in America: an Evaluation of Status*, New York: Harper and Row(first published 1949).

Waters, M. 1991, "Collapse and convergence in class theory," *Theory and Society*, 20: 141-172.

Watson, W. and Barth, E. 1964, "Questionable assumptions in the theory of social stratification," *Pacific Sociological Review*, 7: 10-16.

Weber, M. 1961, *From Max Weber: essays in Sociology*, London: Routledge and Kegan Paul.

_____. 1964, *The Theory of Social and Economic Organisation*, London: Collier-Macmillan.

_____. 1968a, *Economy and Sociery I*, New York: Bedminster Press.

_____. 1968b, *Economy and Society II*, New York: Bedminster Press.

_____. 1968c, *Economy and Society III*, New York: Bedminster Press.

_____. 1976, *The Protestant Ethic and the Spirit of Capitalism*, London: Allen and Unwin.

Westergaard, J. 1970, "The rediscovery of the cash nexus," in R. Miliband and J. Saville(eds), *The Socialist Register 1970*, London: Merlin Press.

Westergaard, J. and Resler, H. 1975, *Class in a Capitalist Society*, London: Heinemann.

Williams, R. 1970, *American Society: a Sociological Interpretation*, New York: Knopf(third edition).

Winnick, A. 1989, *Toward Two Societies: the Changing Distributions of Income and Wealth in the U.S. since 1960*, New York: Praeger.

Wood, S.(ed.) 1983, *The Degradation of Work*, London: Hutchinson.

Wright, E.O. 1976, "Class boundaries in advanced capitalist societies," *New Left Review*, 98: 3-41.

_____. 1978, *Class, Crisis and the State*, London: Verso.

_____. 1979, *Class Structure and Income Determination*, London: Academic Press.

_____. 1980a, "Class and occupation," *Theory and Society*, 9: 177-214.

_____. 1980b, "Varieties of Marxist conceptions of class structure," *Politics and Society*, 9: 323-370.

_____. 1985, *Classes*, London: Verso.

_____. 1989, "Women in the class structure," *Politics and Society*, 17: 35-66.

Wright, E.O. and Martin, B. 1987, "The transformation of the American class structure 1960-1980," *American Journal of Sociology*, 93: 1-29.

Wright, E.O. and Singelmann, J. 1982, "Proletarianization in the changing American class structure," *American Journal of Sociology*, 88: 176-209.

Zeitlin, I. 1989, *The Large Corporation and Contemporary Classes*, Cambridge: Polity.

Zweig, F. 1961, *The Worker in an A fluent Society*, London: Heinemann.

찾아보기

ㄱ

가족:
  가족과 경제적 불평등 151
  분석단위상의 가족 77
갤브레이스(Galbraith) 87
갤리(Gallie) 103, 107
거스(Gerth) 34
게리(Gerry) 98
경영자/경영노동자:
  경영자/경영노동자와 지배계급 89
  계급으로서의 경영자/경영노동자 41, 43
  라이트 41, 43
  중간계급으로서의 경영자/경영노동자 102
경제계층 125
경제적 불평등:
  개념도식 150
  분석단위 151
  자료 153
  적용범위 152-153
  측정의 문제 150

계급:
  경제적 불평등과 정치 149
  계급과 사회이동 123
  계급의 고전이론 21
  계급의 정의 21, 35, 48, 50
  계급의 현대이론 39
  골드소르프의 계급도식 52
  골드소르프의 계급도식 비판 57
  라이트 40
  마르크스 22
  베버 33
계급갈등:
  계급갈등의 단편화 36
  마르크스 24, 28
계급구조:
  계급구조와 계급투표행위의 쇠퇴 160
  계급구조와 사회변동 85
  계급구조와 사회이동 123
  계급구조와 프롤레타리아화 26, 29
  마르크스 26, 29
  종속계급 111

중간적 계급 96
지배계급(dominant class) 86
최하층계급 117
계급도식 39
계급분석틀의 비판 68
계급의 종언 165
계급의 측정 67
계급의식:
    계급의식과 계급상황 105
    계급의식과 노동계급 113-116
계급조작화 72, 82
계급조작화의 사회학적 함의 82
계급지도:
    계급조작화상의 계급지도 74
    라이트 40, 42, 44
계급측정 68, 79
계급측정상의 경제활동 응답자
    72, 82
고용연구원 100
고피(Goffee) 98, 100
골드소르프(Goldthorpe) 39-40,
    52-56, 58, 64-65, 70-71, 74,
    76-78, 80-81, 84, 91, 106,
    109-110, 115, 125, 136-141,
    143-144, 146, 169:
    골드소르프에 대한 비판 57,
        59
    골드소르프의 계급도식 52-56
    노동계급 54
    비육체노동자 55
    서비스계급 54, 58
    신베버주의 계급이론 52
    육체노동자 54

중간적 계급 54, 58
직업계급 57
공적 피고용인과 계급측정 70
과시적 소비 96:
    과시적 소비와 사회이동
        133-134
관계적 계급개념 49, 57, 75
관료제화 95:
    사무노동의 관료제화 102
    사무노동자의 관료제화 101
교육:
    교육과 신중간계급 101
    교육과 직업계층 124, 126
교차계급가족 69, 78
굴드너(Gouldner) 110
그람시(Gramsci) 32, 95:
    헤게모니 32
글래스(Glass) 128, 141
기든스(Giddens) 38, 78, 85, 107
기술/자격자산 44, 49-51, 75
길버트(Gilbert) 102, 108, 157,
    159

ㄴ

남성(남자):
    계급분석틀상의 남성 68-69
    분석단위로서의 남성 77
    남성의 직업계층 126
    현대사회이동 128
노동계급:
    계급조작화상의 노동계급 73

골드소르프 도식상의 노동계급
  54
노동계급과 계급의식 113-114,
  116
노동계급과 지배이데올로기
  명제 116
노동계급의 규모 82
노동계급의 보수주의 112
노동계급의 프롤레타리아화 26
미국의 노동계급 112
정의상의 노동계급의 규모 82
종속계급으로서의 노동계급 111
최하층계급으로서의 노동계급
  119
투표행위 159
노동력:
  노동력에 대한 통제 41-42
  라이트 41-42
니콜스(Nichols) 87, 89, 92

ㄷ

다렌도르프(Dahrendorf) 58, 87-89
대처주의 83, 116
돌턴(Dalton) 160-162
던리비(Dunleavy) 162
던컨(Duncan) 131-136, 139, 141
돔호프(Domhoff) 91-94
덱스(Dex) 62, 69, 78, 142
델파이(Delphy) 78
두 개의 주요 사회계급 내의 계급
  분파들 30

듀크(Duke) 39, 60, 62, 65,
  68-75, 79, 83, 86, 96, 110,
  115-117, 140, 157, 162-163
드러디(Drudy) 62

ㄹ

라이트(Wright) 39-53, 57, 60,
  64-65, 71, 73-74, 76, 81, 84,
  104, 117, 155-156:
  경영자/경영노동자 41, 43
  계급 40
  계급지도 40, 42, 44
  노동력 31-42
  라이트에 대한 비판 46
  모순적 계급 40-44, 49
  무재산(신)중간계급 45, 47
  부르주아지 41-42
  프티부르주아지 41-42
  신마르크스주의의 계급이론 40
  신중간계급 40
  착취 43-44
  축적 41
  통제 41-42
  프롤레타리아트 41-42, 45
럽톤(Lupton) 92
레슬러(Resler) 89, 104, 150, 164
레너(Renner) 58
로고프(Rogoff) 128
로스(Roth) 34
로이머(Roemer) 44
로젝(Rojek) 11

록우드(Lockwood)   52, 54, 64, 105

립셋(Lipset)   34, 117, 128-129, 134, 138, 141, 158-159, 162

립셋-제터버그(LZ)명제   129: 사회이동의 립셋-제터버그명제 129, 132

□

마르크스(Marx)   12, 21, 22, 28, 32, 39-41, 43-48, 50, 52, 57, 59-60, 62, 64, 75, 85-87, 89-90, 95-97, 101, 104, 111, 113, 117-118, 121, 125, 131-132, 136, 149-150, 153-154, 157-158, 163-166: 계급갈등   24, 28
계급구조   26, 29
계급이론   22-24, 26-27, 29-33, 38
노동계급   26, 30, 32-33
마르크스와 라이트의 신마르크스주의 이론   40
무계급론   165
부르주아지   23
사회이동   123
사회주의   38
산업자본주의   22, 26
상품숭배   32
소외   27
이데올로기   31

자본가계급   28-29, 31
자영업자   26, 31
중간계급   31
지배이데올로기 명제   95
프롤레타리아트   23
헤게모니   32
혁명적 변동 장애론   30
혁명적 변동론   26
마르크스의 계급 유형론   40
마셜(Marshall)   39, 47, 54, 60, 65, 70, 73-74, 81, 106-107, 117, 143
맬럿(Mallet)   110
머가트로이드(Murgatroyd)   80
머턴(Merton)   127
모순적 계급:
계급지도상의 모순적 계급   42
라이트   40-44, 49
무계급   165:
다계급 무계급   170
마르크스   165
무계급의 현대적 개념   167
베버   167
비평등주의 무계급   171
완전 무계급   167
일계급 무계급   168
무재산(신)중간계급   97, 101:
라이트   45, 47
무재산중간계급   49
미국:
미국과 경제적 불평등 자료 155
미국의 노동계급   112

미국의 사회이동 128, 130
미국의 사회주의 112
투표행위와 계급 159
민스(Means) 87-88
민주적 계급투쟁 158
밀러(Miller) 131-133, 130, 136
밀리반트(Miliband) 89, 93, 153
밀스(Mills) 12, 34, 91, 98, 104

ㅂ

바스(Barth) 69, 142
베너먼(Vanneman) 113-116, 139
버틀러(Butler) 161, 163
번햄(Burnham) 87
벌(Berle) 87-88
베버(Weber) 12, 21-22, 33, 39-40,
  47-48, 50, 53-54, 59-60, 62, 64,
  85-87, 97, 101, 118, 124-125,
  131-132, 149-150, 158, 163,
  165-167, 169-170, 172-173:
  계급이론 33-36, 38
  무계급론 167
  베버와 골드소르프의 신베버
    주의 계급이론 52
  프티부르주아지 35
  사회계급 35
  사회계층 33, 36
  사회이동 124
  사회주의 34, 38
  산업자본주의 34, 36
  자본주의 34

중간계급 35
지위집단 37
베블런(Veblen) 87, 96, 127, 162
벤딕스(Bendix) 34, 128-129, 134,
  141
보토모어(Bottomore) 22, 32, 58,
  95-96, 113
부르디외(Bourdieu) 90
부르주아지:
  개인소득 156
  계급지도상의 부르주아지 43
  라이트 41-42
  마르크스 23
부르주아화 97, 115, 169-170:
  노동계급의 부르주아화 106
분석단위상의 가구 77
불평등과 계급 149
블라우(Blau) 131-136, 139, 141
브라이언트(Bryant) 15
브레이버만(Braverman)
  102-103, 105
브리텐(Britten) 78, 80
블랙번(Blackburn) 90, 115
비육체노동자:
  골드소르프 도식상의 비육체
    노동자 55
  비육체노동자와 사회이동 129
  비육체노동자의 프롤레타리아화
    102
  직업계급으로서의 비육체노동자
    65
  계급조작화상의 비육체노동자
    73

비육체노동자와 분석틀의 비판
71
비육체노동자와 사회이동 130
빈곤:
빈곤과 경제적 불평등 154
빈곤과 최하층계급 117
프티부르주아지:
계급지도상의 프티부르주아지
43
라이트 41-42
베버 35
중간계급으로서의 프티부르주
아지 97

ㅅ

사무노동의 관료제화 105
사운더스(Saunders) 33, 146
사유재산과 무계급 166-167
사회 유동성 138
사회계급:
계급조작화상의 사회계급 73
계급조작화상의 사회계급과
직업계급 76
베버 35
사회계급과 직업계급 60, 76
사회계급으로서의 노동 30
사회계급으로서의 자본 30
사회계층 62, 124-125, 131:
베버 33, 36
사회계층과 직업구조 132
사회변동과 계급구조 85

사회이동:
국제비교 130
남성의 사회이동 128
마르크스 123
베버 124
사회이동과 계급투표행위의
쇠퇴 160
사회이동과 산업화 128
사회이동의 정치 126
소로킨 125
여성의 사회이동 141
FJH명제 134
현대 남성의 사회이동 128
현대 여성의 사회이동 141
사회주의:
마르크스 38
미국의 사회주의 112
베버 34, 38
산업예비군 118
산업자본주의 21
마르크스 22, 26
마르크스와 계급 22
베버 34, 36
산업자본주의와 계급 34, 36
산업자본주의와 사회의 프롤레
타리아화 26
산업화와 사회이동 128
상대적 (사회)이동:
미국 134
영국 138
상업계급 35
새비지(Savage) 58, 65, 75, 83,
86, 110-111

생산:
  생산의 착취관계 45
  착취적 생산관계 50
서비스계급:
  골드소르프 도식상의 서비스계급
    54
  골드소르프 비판상의 서비스계급
    58
  신중간계급으로서의 서비스계급 108
성차별:
  사회학상의 성차별 69, 128,
    142
소고용주:
  계급지도상의 소고용주 43
  중간계급으로서의 소고용주 98
소득:
  소득과 경제적 불평등 155
  소득과 계급불평등 150
소련 130, 168
소로킨(Sorokin) 125-127, 129,
  134, 136, 138, 141-142, 145-
  146:
  사회이동 125
소유권 계급:
  지배계급으로서의 소유권 계급
    87
소유주-관리자:
  중간계급으로서의 소유주-관리자
    98
소유주-통제자:
  중간계급으로서의 소유주-통제자
    98
숙련노동자:

숙련노동자와 계급 35
스케이스(Scase) 98, 100
스콧(Scott) 58, 90-91, 93-95
스탠워스(Stanworth) 78-759
스톡스(Stokes) 161, 163
스튜어트(Stewart) 106
스틴치콤(Stinchcombe) 11, 51
시간제노동자 68, 81
신중간계급:
  계급구조상의 신중간계급 101
  라이트 40
  화이트칼라노동자 101
실업자 81
싱글맨(Singelmann) 104

ㅇ

아론(Aron) 87
아르노비츠(Aronowitz) 104
애버크롬비(Abercrombie) 58, 96,
  105, 107-108, 110, 116, 171
애벗(Abbott) 59, 69, 128, 144
애커(Acker) 69, 142
앨퍼드(Alford) 159
앨퍼드(Alford) 지표 160:
  투표행위와 앨퍼드 지표 160
양극화와 계급 32
어리(Urry) 58, 60, 97, 102,
  105, 107-108, 110
에젤(Edgell) 39, 60, 62, 65,
  68-75, 77, 79, 81, 83, 86, 96,
  110, 115-117, 128, 133, 140,

157, 162-163

에릭슨(Erikson) 64, 70, 74, 76,
78, 80, 82, 84, 91, 106, 130,
138, 141, 144-145, 163

엥겔스(Engels) 31, 123-124

여성(여자):

계급분석틀상의 여성 68-69

골드소르프 비판상의 여성 59

분석단위로서의 여성 77

노동자로서의 여성 107

여성과 최하층계급 118

여성의 탈숙련화 107

현대사회이동 141

영국:

영국과 경제적 불평등 자료
154-155

영국의 사회이동 128, 130

영국의 지배계급(ruling class)
91, 93-94

오소스키(Ossowski) 57, 170

윗슨(Watson) 142

워커(Walker) 15

웨스터가드(Westergaard)   89,
104, 116, 150

위티치(Wittich) 34

윌슨(Wilson) 92

유산(구)중간계급 97

유한계급 81:

유한계급과 계급불평등 152

육체노동자:

골드소르프 도식상의 육체노동자
54

육체노동자와 사회이동 129

계급조작화상의 육체노동자
73

육체노동자와 분석틀의 비판
71

육체노동자와 사회이동 130

육체노동자의 프롤레타리아화
102

종속계급으로서의 육체노동자
111

직업계급으로서의 육체노동자
61, 63

이데올로기:

마르크스 31

정치적 이데올로기 161

정치적 이데올로기와 계급투표
행위의 쇠퇴 161

인종(race):

인종과 최하층계급 118

인종집단(ethnic group):

인종집단과 최하층계급 118

FJH명제 134:

사회이동에 대한 FJH가설
138

사회이동에 대한 FJH명제
134

ㅈ

자본가계급 119:

계급조작화상의   자본가계급
75

마르크스 28-29, 31

자본가계급과 계급불평등 154
자본가계급과 소유권 89
자본가계급과 합의 95
지배계급으로서의 자본가계급
　91, 93-94, 96
자본주의 21, 23:
　베버 34
　소규모자본주의의 성장 99
　자본주의 계급에 대한 경영주
　　의자들의 견해 87
　자본주의와 대처주의 115
　자본주의의 계급체계 34
자영업자:
　마르크스 26, 31
　의사 프롤레타리아트로서의
　　자영업자 98
　중간계급으로서의 자영업자
　　97-99
재산(소유)계급 35:
　재산(소유)계급과 경제적
　　불평등 150
전문직 노동자:
　신중간계급으로서의 전문직
　　노동자 102, 108
절대적 (사회)이동:
　미국 134
　영국 138
정당과 계급 158
정치와 계급 149
제터버그(Zetterberg) 129, 138
조직자산 44, 49, 51, 75, 86,
　110
존 메이저(John Major) 171

좀바르트(Sombart) 112-114, 126,
　130-131, 134, 135, 139, 145-146
존스(Jones) 134
중간계급:
　계급조작화상의 중간계급 73
　구중간계급 97
　마르크스 31
　베버 35
　투표행위 159
　신중간계급 101
　중간계급의 고용지위 100
중간적 계급:
　골드소르프 도식상의 중간적 계급
　　54
　골드소르프 비판상의 중간적 계급
　　58
지배계급(dominant class) 24
지배계급(ruling class) 22, 31,
　93:
　영국의 지배계급 91, 93-95
지배이데올로기 명제:
　지배이데올로기 명제와 노동
　　계급 116
지위와 직업계급 60
직업계급 60:
　계급조작화상의 직업계급 73,
　　77
　계급조작화상의 직업계급과
　　사회계급 76
　골드소르프 57
　직업계급과 분석틀 비판
　　69-70
　직업계급과 사회계급 76

직업계급과 소득 154-155
직업계층 125
직업구조:
　직업구조와 사회계층 132
　직업구조와 사회이동 131

ㅊ

차일드(Child) 87
착취:
　라이트 43-44
　착취의 비판 46
　착취중심의 계급 51
최하층계급:
　최하층계급과 계급불평등 152
축적:
　라이트 41
　축적에 대한 통제 41

ㅋ

카세디(Carchedi) 40, 51
카터(Carter) 108
칼(Kahl) 102, 108, 157, 159
캐논(Cannon) 113-116, 139
콜린스(Collins) 110
크로스랜드(Crossland) 87
크류(Crewe) 160, 161

ㅌ

토크빌(Tocqueville) 112
통제:
　라이트 41-42
　통제와 계급 41
　통제와 소유계급 87, 93
　통제의 정도 42
통치계급 91
퇴직자 81
투자:
　라이트 41-42
　투자에 대한 통제 41-42
투표행위:
　계급연합의 쇠퇴 160
　상대적 투표행위 161
　절대적 투표행위 161
　투표행위와 계급 159

ㅍ

파슨스(Parsons) 34, 168
파킨(Parkin) 32, 40, 108, 169
패인(Payne) 78, 143-144, 146
폐쇄:
　여성 사회이동상의 폐쇄 110,
　144
프롤레타리아트:
　계급지도상의 프롤레타리아트
　43
　라이트 41-42, 45
　마르크스 23

프롤레타리아화:
　프롤레타리아화와 계급 26, 32
　화이트칼라노동자의 프롤레타리아화 102, 104-105
플린(Flynn) 15
페더먼(Featherman) 130, 134-135, 139, 141

ㅎ

하우저(Hauser) 134-135, 139, 141
해밀턴(Hamilton) 115
허즈번즈(Husbands) 113
헤게모니 116:
　그람시 32
　마르크스 32
　지배계급의 헤게모니 95

헤스(Heath) 59, 69, 78, 80, 130, 135-136, 160-163
헨리(Henry) 81, 99
혁명적 변동:
　마르크스 26
　혁명적 변동의 장애요인 30
협동조합 100
호적등기소 60, 62
홀-존스(Hall-Jones) 직업계급척도 52
호프-골드소르프(Hope-Goldthorpe) 직업척도 53
화이트칼라노동자:
　중간계급으로서의 화이트칼라노동자 97, 102
　화이트칼라노동자의 프롤레타리아화 104

▼ 지은이

스테판 에젤

런던대학교 졸업, 셀퍼드대학교 박사

맨체스터공업대학 사회학 교수

현재 셀퍼드대학교 사회학 교수

주요 저서: *Middle Class Couples*(Allen & Unwin, 1980)

     A Measure of Thatcherism(공저)(Harper-Collins, 1991) 등

     현재 미국의 급진사회이론가 T. Veblen에 관한 저술 집필중

▼ 옮긴이

신행철

서울대학교 사회학과 졸업,

연세대학교 사회학과 문학박사

현재 제주대학교 사회학과 교수

주요 저서: 『제주농촌지역의 권력구조』(1989), 『제주사회론』(공저)(1995),

     『한국사회의 계급연구』(공저)(1999) 등

한울아카데미 387

계급사회학

ⓒ 신행철, 2001

지은이 | 스테판 에젤
옮긴이 | 신행철
펴낸이 | 김종수
펴낸곳 | 한울엠플러스(주)

초판 1쇄 발행 | 2001년 2월 28일
초판 6쇄 발행 | 2019년 11월 10일

주소 | 10881 경기도 파주시 광인사길 153 한울시소빌딩 3층
전화 | 031-955-0655
팩스 | 031-955-0656
홈페이지 | www.hanulmplus.kr
등록번호 | 제406-2015-000143호

Printed in Korea.
ISBN 978-89-460-6825-4 94330

* 책값은 겉표지에 표시되어 있습니다.